Cover / Portada: Duarte Square, Avenue of the Americas and Canal Street, New York, NY 10013
Photo by / Foto por: Javier Pichardo

Juan Pablo Duarte:
The Humanist / El humanista
(A Bilingual Selection of his Writings)
(Selección Bilingüe de sus Escritos)

Rhina P. Espaillat • Sarah Aponte
Editors - Compiladoras

Biblioteca Nacional
Pedro Henríquez Ureña

CUNY Dominican Studies Institute

Santo Domingo – New York
República Dominicana – United States, 2015

MINISTERIO DE CULTURA
BIBLIOTECA NACIONAL PEDRO HENRÍQUEZ UREÑA
CUNY DOMINICAN STUDIES INSTITUTE

José Antonio Rodríguez
Minister of Culture / Ministro de Cultura

Diómedes Núñez Polanco
Director Biblioteca Nacional Pedro Henríquez Ureña

Ramona Hernández
Director CUNY Dominican Studies Institute / Directora del Instituto de Estudios Dominicanos de CUNY

Graphic Designer / Diseño y arte
Javier Pichardo

Team of Translators / Equipo de Traductores
Mariel Acosta, Rhina P. Espaillat, Sherill-Marie Henríquez, Antonio Pérez & Nelson Santana

Lesson Plans / Material curricular
Martin Toomajian

Proofreading / Corrección de estilo
Timothy Williams

Espaillat, Rhina P.
Juan Pablo Duarte: The Humanist. A Bilingual Selection of his Writings
Juan Pablo Duarte: El humanista. Selección bilingüe de sus escritos / Rhina P. Espaillat, Sarah Aponte . –
Santo Domingo; New York: Biblioteca Nacional; CUNY Dominican Studies Institute, 2015.
198p. –
ISBN: 978-99934-31-49-7
Includes bibliographical references / Incluye referencias bibliográficas
1. Duarte, Juan Pablo, 1813-1876 – Correspondence. 2. Duarte, Juan Pablo, 1813-1876 – Archives. 3. Duarte, Juan Pablo, 1813-1876 – Poetry. 4. Dominican Republic -- History.
1. Duarte, Juan Pablo, 1813-1876 – Correspondencia. 2. Duarte, Juan Pablo, 1813-1876 – Archivos. 3. Duarte, Juan Pablo, 1813-1876 – Poemas. 4. República Dominicana -- Historia

Printed in / Impreso en: New York, U.S. / Nueva York, E.E.U.U.

Prologue

Juan Pablo Duarte: The Humanist / Juan Pablo Duarte: El humanista is a pioneering book. It is the first bilingual (Spanish and English) book containing the writings of Juan Pablo Duarte, the founding father of the Dominican Republic. With this selection we seek to expose part of Duarte's thought as he expressed it at key moments in his life. Hence, the decision to prepare a book that was completely bilingual. The Spanish writings included in this book are exact copies of the manuscripts preserved by Rosa Duarte, one of his sisters, described by historians as the closest to him. Rosa Duarte not only safeguarded the few writings that her brother left, but this courageous, guerrillera woman actively pursued to publish her brother's papers up until her death in 1876. She relentlessly sought to ensure that the legacy of her admired brother was not forgotten. It is to her, and only to her that we owe the few papers left by Juan Pablo Duarte and compiled in the *Notes of Rosa Duarte*.

Rosa Duarte's vision could not have been more remarkable. Through these beautiful papers filled with a history of dreams and systematic struggle, we find ourselves before the impressive figure of a man who gave everything so that I could have the opportunity to call myself Dominican; neither more nor less than people from other independent countries in the rest of the world.

Duarte did not live outside his time. Quite the contrary: he was the product of his time. The desire for autonomy characterized the peoples of Latin America throughout the nineteenth century; some countries first, others later. When the historic call for sovereignty came, Dominicans were lucky to count on a leader like Duarte, a young man capable of envisioning and leading the project of building an independent nation. In the process, Duarte simply gave everything he had for the ideal of establishing the Dominican Republic: He gave up the desire to establish his own family with the woman he was engaged to; he lived in foreign lands, in exile, away from his beloved homeland where the Haitian Government sought to silence him for his revolutionary ideas and his actions for the independence of his people. And if these were not enough sacrifices, at the beginning of the armed struggle for independence, and realizing that the revolutionaries needed money to buy weapons of war, Duarte wrote a letter to his mother and his siblings on February 4, 1844 in which he said, "The only way I find to reunite with you is to gain the independence of the motherland; to achieve it, we need resources, supreme resources and these are, that you, in agreement with me and our brother Vicente, offer to the motherland everything, which at the expense of love and work, we have inherited from our father".[1] Duarte was made of sensitive and noble fibers, with a high sense of social commitment. Dominicans today are made of the same fibers.

This is what this book is all about. We want to put in the hands of readers these important ideas that forever marked the future of the Dominican people. Duarte's historiographers affirm that the *Notes* contain all of Duarte's writings that survived him. According to historian Emilio Rodríguez Demorizi, the *Notes* are "the *New Testament* of Dominican history."[2] And, indeed, this compilation includes unique historical documents that provide abundant details about the struggles for Dominican independence and Duarte's aspirations.

The English translation, produced by university students, both graduates and undergraduates, born and/or raised in the U.S., along with a trio of experts, is the product of countless hours of work; of a collaboration forged with passion, love, enthusiasm, and hope. And of course, the way in which this book has been produced, reflects an essential component of the Duartian ideology: to do for the good of others because you are among the others as well. None of the partners received monetary compensation for their hard work and all agreed to donate any gains earned from this book to CUNY DSI, so the task of creating knowledge about Dominicans continues uninterruptedly; for as long as we live in a capitalist world where we need to buy everything with money, we need to plan for the survival of our non-for-profit institutions.

Juan Pablo Duarte: The Humanist/ Juan Pablo Duarte: El humanista is the result of a collaborative effort by an incomparable group, composed of young people who are just beginning their professional careers, and others who are accomplished in their fields. With this project, we continue the tradition of encouraging the production of knowledge about the Dominican people through collaboration between seasoned and established scholars and those who represent the future and are still in training. We depart from

---

1   *Apuntes de Rosa Duarte* pag. 68. Author's translation.
2   "Rosa Duarte." *Educando. El Portal de la Educación Dominicana* [http://www.educando.edu.do/articulos/docente/rosa-duarte-mujer-independentista/]

the premise that it is they, the new generations, the children of Dominican immigrants, who have in their hands the real possibility of preserving or not the historical legacy of their ancestral land in the places where they now live. And the proficiency of the expert participants ensures the academic rigor for which the CUNY DSI is known as a university institution.

Similarly, *Juan Pablo Duarte: The Humanist/ Juan Pablo Duarte: El humanista* is an effort that clearly reflects the unconditional contribution of a group committed to Dominican history: to its preservation, transmission, and to the need to tell it. The book, conceived as the product of voluntary work, took two years to complete. We felt that working on a book of Duarte collaboratively and on a voluntary basis somehow followed Duarte's sense of social commitment. Furthermore, Duarte's sensitivity needed to be transmitted by young people untainted in their idealism, who were believers and dreamers that could collaborate with a poet, a lover of books, and a teacher. Rhina P. Espaillat, poet laureate and renowned literary translator, Sarah Aponte, a librarian specializing in Dominican bibliographical resources, and Martin Toomajian, a Social Studies teacher possessing extensive experience working with students of Dominican origins, composed the great trio. Each one provided an essential ingredient, from the sensitivity of poetry, love for ideas in writing, and a passion for teaching. Martin, the only member of the group who is not of Dominican descent, is an American teacher who represents the model of the ideal teacher; one who helps shape his pupils -children of rejected immigrants- on the basis of their historical legacy, worthy of preservation and transmission. *Juan Pablo Duarte: The Humanist/ Juan Pablo Duarte: El humanista* is also the result of a genuine desire to share Juan Pablo Duarte's ideas with readers who otherwise might not have access to them.

Some of the images in this book were drawn from *Dominican Landmarks*, a web based project that displays Dominican monuments distributed around the world, particularly in the U.S. that have been created by Dominicans residing outside of the Dominican Republic. At the time of this book's publication, the portal had 81 entries related to Dominican monuments, of which 29 were dedicated to Juan Pablo Duarte, with 25 located specifically in the U.S. and the other 4 in Aruba, Canada and China.

I am grateful for having had the opportunity to sponsor this book under my tenure at the CUNY Dominican Studies Institute. All Dominicans owed this book to Duarte. The experts who worked on this book are aware of what they have done. I wonder, however, whether these young scholars, Antonio, Mariel, Nelson, and Sherill-Marie, are fully cognizant of the dimensions of their contributions. For sure, in composing this book, each of them marked a milestone in the history of the United Sates and the Dominican Republic. With this project we are also preserving, for our children, a historic legacy which they can only learn to value if they know it and if it is instilled in them with love, respect and the conviction necessary to infiltrate them down to their soul. And doing so will help us not forget ourselves.

My deepest gratitude to the following people: Diómedes Núñez Polanco, Director of the Biblioteca Nacional Pedro Henríquez Ureña (BNPHU); Nicomedes Castro, Head of the Library's Diaspora Initiatives; the editorial team of the BNPHU; Dr. Timothy Williams, copyeditor; Anthony Stevens-Acevedo, Assistant Director, Dr. Jacqueline Jiménez Polanco, Senior Researcher, Sarah Mararra, Associate Researcher, and Javier Pichardo, Graphic Designer, all from CUNY DSI. Rhina P. Espaillat and Sarah Aponte led the team with sweetness, skill and enthusiasm, my thanks to them as well. The contribution of everyone made the publication of this book possible.

About the series:
The *History* series, a collaboration between the BNPHU and CUNY DSI, publishes pioneering works in Dominican Studies of historical interest for Anglophone communities, particularly in the U.S.

Ramona Hernández, Ph.D.
Director, CUNY Dominican Studies Institute &
Professor of Sociology, The City College of New York

Prólogo

El libro que el lector tiene en sus manos es pionero. Es la primera publicación bilingüe (en español e inglés) de escritos de Juan Pablo Duarte, el Padre de la Patria Dominicana. Con esta selección buscamos exponer parte del pensamiento duartiano tal y como el mismo Duarte lo expresó o comunicó en su momento. De ahí la decisión de preparar un texto totalmente bilingüe. La versión incluida aquí en español es una réplica de textos celosamente preservados por Rosa Duarte, una de las hermanas del Patricio y quien, comentan los historiadores, era la más cercana a Duarte. Rosa Duarte no sólo conservó los pocos escritos que su hermano dejara, sino que hasta su muerte en el 1876, esta decidida y valiente guerrillera trató por todos los medios de publicarlos a fin de que la memoria de su admirado hermano se preservara. A ella, sólo a ella debemos el puñado de papeles que hoy se encuentran recopilados en los *Apuntes de Rosa Duarte,* publicados por primera vez en el 1970 por Emilio Rodríguez Demorizi, Carlos Larrazábal Blanco y Vetilio Alfau Durán. Su visión no pudo ser más diáfana; a través de estos hermosos escritos cargados de una historia de sueños y de lucha sin descanso, nos encontramos ante la gigantesca figura de un hombre que lo dio todo para darme la oportunidad de llamarme dominicana; ni más ni menos que la gente de los otros pueblos independientes del resto del mundo.

Duarte no vivió fuera de época. Todo lo contrario: fue producto de la misma. El deseo a la autodeterminación caracterizó a los pueblos de América Latina en el siglo XIX; unos primeros y otros después. Los dominicanos tuvimos suerte que el llamado histórico a la soberanía encontró un líder en Duarte capaz de soñar y de dirigir un proyecto de nación. En el proceso, Duarte lo dio sencillamente todo por el ideal de fundar la República Dominicana: desde abandonar la idea de establecer una familia con la amada novia hasta someterse a la desolación en tierras extranjeras, en el destierro, lejos de su amada tierra donde el Gobierno Haitiano le perseguía a fin de silenciar sus ideas revolucionarias y su acción en pro de la independencia de su pueblo. Como si todo este sacrificio fuera poco, en los albores de la lucha armada por la independencia, el 4 de febrero del 1844, ante la falta de recursos económicos para comprar armamentos de guerra, Duarte les escribe a sus padres y hermanos una misiva que muestra una vez más su grado de sacrificio por el pueblo dominicano: "El único medio que encuentro para reunirme con ustedes es independizar la patria; para conseguirlo se necesitan recursos, recursos supremos y cuyos recursos son, que ustedes de mancomún conmigo y nuestro hermano Vicente ofrendemos en aras de la patria lo que a costa del amor y trabajo de nuestro padre hemos heredado".[3] Duarte estaba hecho de unas fibras sensibles, nobles y de un gran sentido del compromiso social. Los dominicanos estamos también hechos de esas mismas fibras.

De eso se trata este texto, de poner en las manos de lectores estas ideas importantes que marcaron el destino del pueblo dominicano para siempre. Los historiógrafos de Duarte afirman que en los *Apuntes* se encuentran los escritos que sobrevivieron al Patricio. Según el historiador Rodríguez Demorizi, los *Apuntes* conforman "el nuevo testamento de la historia dominicana".[4] Y es que, a decir verdad, dicha compilación incluye documentos históricos únicos que proveen abundantes detalles sobre las luchas por la independencia dominicana y las aspiraciones del Patricio.

La traducción al inglés construida por jóvenes universitarios de nivel graduado y sub-graduado, nacidos y/o criados en los EE. UU., junto al trio de expertos, es el producto de horas de trabajo incontables; de la colaboración hecha con pasión, con amor, con ilusión y con esperanza. Y claro, la manera en como se ha producido este trabajo refleja una parte esencial del "ideario duartiano": hacer por el bien de otros porque en los otros estás también tú. Ninguno de los colaboradores recibió compensación monetaria por su gran labor y todos convinieron en donar los frutos futuros de este libro al CUNY DSI para que la tarea de creación de conocimientos sobre los dominicanos siga sin parar ininterrumpidamente, ya que mientras vivamos en un mundo capitalista donde todo haya que comprarlo, necesitamos velar por la continuidad de nuestras instituciones sin fines de lucro.

Juan Pablo Duarte: The Humanist/Juan Pablo Duarte: El humanista es el producto de la colaboración de un grupo incomparable compuesto de jóvenes que apenas empiezan su carrera profesional y de gente experta, versada en la materia. Con este proyecto seguimos la tradición de la producción de conocimientos sobre el pueblo dominicano de manera colaborativa entre los muy establecidos en sus carreras y aquellos que aún están en formación. Partimos de la premisa de que son ellas, las nuevas generaciones producto de la emigración hacia los EE. UU., las que tienen en sus manos la posibilidad real de preservar o no el legado histórico de la tierra ancestral en el país receptor. Y las pericias de los expertos nos garantizan la rigurosidad académica por la que el CUNY DSI es conocido como entidad universitaria.

---

3 *Apuntes de Rosa Duarte* pag. 68.
4 "Rosa Duarte." *Educando. El Portal de la Educación Dominicana* [http://www.educando.edu.do/articulos/docente/rosa-duarte-mujer-independentista/]

Por otro lado, *Juan Pablo Duarte: The Humanist/Juan Pablo Duarte: El humanista* es un trabajo que refleja de una manera clara la contribución incondicional de un grupo de gente comprometida con la historia dominicana: con su preservación, su trasmisión y la necesidad de contarla. El libro, concebido como un proyecto de trabajo voluntario, tomó dos años en hacerse. La sensibilidad de Duarte necesitaba ser trasmitida por jóvenes castos en su idealismo, creyentes y soñadores; también por una poeta, una amante de los libros y un maestro. Rhina P. Espaillat, poeta laureada y traductora literaria reconocida, Sarah Aponte, bibliotecaria especializada en bibliografía de temática dominicana y Martin Toomajian, maestro de Estudios Sociales con vasta experiencia con alumnado de origen dominicano, componían el trio ideal, cada uno con el ingrediente esencial, desde la sensibilidad de la poesía, el amor a la idea escrita y la pasión por la enseñanza. Martin, el único que no es de origen dominicano, es un maestro norteamericano que representa el modelo del educador ideal, aquel que forma sus pupilos, hijos de inmigrantes rechazados, sobre la base de un legado histórico digno de preservar y trasmitir. *Juan Pablo Duarte: The Humanist/Juan Pablo Duarte: El humanista* es el resultado también del deseo genuino de dar a conocer estas ideas del Patricio entre unos lectores que de otra manera quizás no tendría acceso a ellas.

Algunas de las imágenes contenidas en este libro fueron extraídas del proyecto *Dominican Landmarks*, un portal cibernético que recoge monumentos dominicanos distribuidos alrededor del mundo, particularmente en los EE. UU. y creados por las comunidades dominicanas que residen fuera de la República Dominicana. Al momento de publicar este libro dicho portal contaba con 81 entradas de monumentos dominicanos, de los cuales 29 están dedicados a Juan Pablo Duarte, con 25 específicamente en los EE. UU. y los otros 4 en Aruba, Canadá y China.

Agradezco haber tenido la oportunidad de auspiciar este proyecto bajo mi dirección en el Instituto de Estudios Dominicanos de CUNY. Todos los dominicanos se lo debíamos a Duarte. Los expertos que trabajaron en este libro tienen conciencia de lo que han hecho. Me pregunto, sin embargo, si los jóvenes intelectuales, Antonio, Mariel, Nelson y Sherill-Marie, se dan cuenta ya plenamente de la dimensión de la contribución que han hecho. Todos ellos, al construir este libro, han marcado un hito en la historia de los EE. UU. y la República Dominicana para siempre. Con dicho proyecto estamos también contribuyendo a no despojar a nuestros hijos de un legado histórico que sólo pueden aprender a valorar si lo conocen y si se lo inculcan con el amor, el respeto y la convicción necesarias para que les cale hasta el alma. Y de paso contribuyendo a que no se nos olvide a nosotros mismos.

Mis más encarecidas gracias a las siguientes personas: Diómedes Núñez Polanco, Director de la Biblioteca Nacional Pedro Henríquez Ureña (BNPHU), Nicomedes Castro, Jefe de las Iniciativas de la Diáspora de la BNPHU; el equipo editorial de la BNPHU; al Dr. Timothy Williams, corrector de estilo, Anthony Stevens-Acevedo, Director Auxiliar, la Dra. Jacqueline Jiménez Polanco, Investigadora Sénior, Sarah Marrara, Investigadora asociada y Javier Pichardo, Diseñador Gráfico, todos del CUNY DSI. Rhina P. Espaillat y Sarah Aponte digirieron el equipo de traductores con dulzura, destreza y entusiasmo. A ellas también mi gratitud. La contribución de cada uno de ellos hizo posible la publicación de este libro.

Acerca de la serie:
La serie *Historia* es una colaboración de BNPHU y el CUNY DSI para publicar trabajos pioneros relacionados con los Estudios Dominicanos de interés histórico para las comunidades anglófonas que residen particularmente en los EE. UU.

Ramona Hernández, Ph.D.
Directora, Instituto de Estudios Dominicanos de la Universidad Municipal de Nueva York & Catedrática de Sociología del City College

Table of Contents / Tabla de Contenido

Introduction to Duarte's Time and Place:
An Exercise in Imagination -- 1
Rhina P. Espaillat

Juan Pablo Duarte y Díez Biography ----------------------------------- 6
Nelson Santana

Prose Selection -- 9

    Letter to Juan Pablo Duarte from Jacinto de la Concha,
    Santo Domingo, Nov. 1843 ---------------------------------- 10

    From Silvano Pujol, to Juan Pablo Duarte, Juan Isidro Pérez and
    Pedro Alejandrino Pina -- 11

    Translator's Comment on the Letter to Juan Pablo Duarte, Juan Isidro
    Pérez and Pedro Alejandro Pina ------------------------------- 12

    Bill of Foundational Law -- 13

    Notice in which the Father of the Nation designates Colonel Manuel
    Rodríguez Objío Chief of his General Staff ----------------------- 19

    Letter from Duarte to Pedro Alejandrino Pina, December 25, 1863 ----- 20

    Letter of recommendation in favor of Manuel Rodríguez Objío --------- 21

    Notice ordering Manuel Rodríguez Objío to pay his respects to
    founding father Mariscal Falcón ---------------------------------- 22

    Translator's Note -- 23

    Letter to General Antonio Guzmán Blanco regarding the remittance
    of one thousand pesos owed to the generous Marshal Falcón -------- 24

    Letter from Duarte to Blas Bruzual, January 21, 1864 ---------------- 25

    Letter from Duarte to Captain David León
    Notice in which Captain David León is designated secret agent ------ 26

    Letter from Duarte to Commander Alejandro Gazán,
    January 29, 1864 -- 27

    Letter from the Founding Father to the Government of Santiago
    announcing his arrival in his motherland and offering his services ------- 28

    Letter from Duarte to the Provisional Government, July, 1864 ---------- 29

Letter from Juan Pablo Duarte in which he responds to various letters from the governor of Santiago, expresses opinions on the impact of events, the aims of the motherland, and also alludes to his radically nationalistic position -------- 30

Letter in which Duarte gives thanks for the accommodations given to Mariano Díez and recommends them for Vicente Celestino Duarte ------ 36

Letter from Duarte to Álvaro Fernández -------- 37

Translator's Comment on "Letter from Duarte to Álvaro Fernández" ---- 38

Letter from Duarte to Gen. Candelario Oquendo, March 26, 1865 ------ 39

Letter from Duarte to Félix María Delmonte, in which he comments on the life of the patriot devoted exclusively to the affairs of his country, May 2, 1865 -------- 41

Selected Poems by Juan Pablo Duarte -------- 47

Ballad -------- 48

The Exile's Portfolio -------- 49

Anthem -------- 50

Entreaty -------- 51

Despair -------- 52

Untitled: "And you…" -------- 53

Translator's Comment on poem Untitled: "And you…" -------- 54

The Creole -------- 55

Untitled: "I am a Templar…" -------- 56

Translator's Comment on poem Untitled: "I am a Templar…" -------- 57

Plainsong -------- 58

Verses -------- 58

Santana -------- 58

Untitled: "I meant, impiously..." -------- 59

Sorrows of the Night -------- 60

Poem by Duarte in Posthumous Homage to Marcelino Muñoz -------- 61

Some Data on Marcelino Muñoz, Subject of the Poem by Duarte in
Posthumous Homage to Marcelino Muñoz -------------------------------- 65

Concluding Essay: Duarte in the Americas ------------------------------------ 66
Nelson Santana

Lesson Plans -- 69
Martin Toomajian

Contributors --- 79
(identified in the text by their initials)

Juan Pablo Duarte: A Selected Bibliography ---------------------------------- 81
Sarah Aponte

Image Selection --- 187

─────────────── SPANISH SECTION ───────────────

**Introducción a Duarte, Su Era y Su Sitio:
Un Ejercicio Para la Imaginación** -- 95
Rhina P. Espaillat

Biografía de Juan Pablo Duarte y Díez -- 101
Nelson Santana

Documentos Selectos -- 105

   Carta de Jacinto de la Concha a Juan Pablo Duarte ----------------------- 106

   Carta de Silvano Pujol, a Juan Pablo Duarte, Juan Isidro Pérez y
   Pedro Alejandrino Pina -- 107

   Comentario de la Traductora a la Carta de Silvano Pujol a Juan
   Pablo Duarte, Juan Isidro Pérez y Pedro Alejandro Pina ------------------ 108

   Proyecto de Ley Fundamental -- 109

   Oficio en el cual el Padre de la Patria designa al Coronel Manuel
   Rodríguez Objío Jefe de su Estado Mayor --------------------------------- 115

   Carta de Juan Pablo Duarte a Pedro Alejandrino Pina,
   25 de diciembre, 1863 -- 116

   Carta Credencial en favor de Manuel Rodríguez Objío ------------------- 117

   Oficio que ordena a Manuel Rodríguez Objío presentar los
   respetos del Padre de la Patria al Mariscal Falcón ------------------------- 118

Nota de la Traductora --------- 119

Carta al General Antonio Guzmán Blanco en relación con la entrega de mil pesos debidos a la munificencia del Mariscal Falcón --------- 120

Carta a Blas Bruzual en relación con el donativo de mil pesos del Mariscal Falcón --------- 121

Carta de Duarte al Capitán David León --------- 122

Nombramiento del comandante Alejandro Gazán como Canciller de la Agencia de Curaçao --------- 123

Carta del Padre de la Patria al Gobierno de Santiago participando su llegada al suelo natal y poniéndose a sus órdenes --------- 124

Carta al Gobierno Provisorio en la cual el Padre de la Patria avisa su llegada a Saint Thomas y el haberse puesto de acuerdo con su compañero de misión don Melitón Valverde --------- 125

Oficio de Juan Pablo Duarte que responde a varias comunicaciones del Gobierno de Santiago, emite juicios sobre el curso de los acontecimientos, los destinos de la patria y señala su posición radicalmente nacionalista --------- 126

Carta en la cual se agradecen las atenciones dispensadas a Mariano Díez y se recomiendan para Vicente Celestino Duarte --------- 132

Carta de Duarte a Álvaro Fernández --------- 133

Comentario del Traductor de "Carta de Duarte a Álvaro Fernández" ---- 134

Oficio al General Candelario Oquendo respecto de la acusación de que ha sido objeto por el Gobierno de Santiago --------- 135

Carta de Duarte a Félix María Delmonte en donde él comenta sobre la vida del patriota totalmente dedicado a los asuntos de su patria, mayo 2, 1865 --------- 137

Selección de Poemas por Juan Pablo Duarte --------- 143

Romance --------- 144

La cartera del proscrito --------- 145

Himno --------- 146

Súplica --------- 147

Desconsuelo --------- 148

Sin título: "Y tú…" --- 149

Comentario de la Traductora sobre el poema Sin Título: "Y tú…" --- 150

El criollo --- 151

Sin título: "Soi Templario…" --- 152

Comentario del Traductor del poema Sin título: "Soi Templario…" --- 153

Antífona --- 154

Estrofas --- 154

Santana --- 154

Sin título: "Pensé cantar..." --- 155

Tristezas de la Noche --- 156

Poema de Duarte en el homenaje póstumo a Marcelino Muñoz --- 157

Unos pocos datos sobre Marcelino Muñoz, tema del Poema de Duarte en el homenaje póstumo a Marcelino Muñoz --- 159

Ensayo Final: Duarte en las Américas --- 160
Nelson Santana

Material curricular --- 163
Martin Toomajian

Contribuidores --- 173
Traductores: (aparecen en el manuscrito por sus iniciales)

Juan Pablo Duarte: Bibliografía Selecta --- 175
Sarah Aponte

Selección de Imágenes --- 187

Introduction to Duarte's Time and Place:
An Exercise in Imagination

Imagine yourself living in a part of the world—on a tropical island, maybe—that belongs to a large, powerful empire with colonial possessions all over the world, such as, for example, England. Let's say your family arrived on the island generations ago, and you were born there, grew up speaking English and proud of your English heritage, feeling like a loyal subject of the English king, even though sometimes it bothers you that, as a "colonial," you don't have the same rights as those of your countrymen who were born back in England. And you notice that the group of people sent from England to govern you don't treat you and your family with the same degree of respect they show each other; that's been annoying you for some time too, but you remain loyal.

One day you learn that England, your "Mother Country," which has been at war with one of its neighbors (let's say Germany), has lost that war and signed a peace treaty with the winner that, among other things, agrees to hand over to Germany the colony where you were born, which is your only home. You and your family, friends and neighbors are now all suddenly German subjects, and will be expected to adopt the language, customs, religion, laws and traditions of your **new** "Mother Country."

And there's more: the country next door to you, on the same island, used to be a colony belonging to Germany, but after many years of suffering unjust treatment and oppression, its people have waged a bloody revolution to free themselves, and are now struggling to remain an independent nation. The same treaty that has made you suddenly German has made you their enemy, as your territory will soon be occupied by the troops sent by their former masters, prepared not only to rule **you**, but also to attack your neighbors, and perhaps deprive them of the freedom they fought so hard to achieve.

Your frightened and angry neighbors do what you would probably do in their place: they send troops into your territory, even though you are not to blame for the threat they face, to prepare a defense of their fragile new nation, no matter what it costs. Now you find yourself, as a former Englishman abandoned by your king, forced to defend yourself from neighbors who think of you as a newly-created German, and therefore a potential enemy!

What are you going to do? Or—an even more fundamental question—who are you? Where do your loyalties lie, what is your identity, and what would you like your future, the future of your family and your home, to be like? That situation is not a fantasy, and the questions it raises were not imaginary to the people who found themselves in exactly such a situation in the middle of the 1800s, in a very real place in the Caribbean Sea: the island of Hispaniola—or La Española—once a colony, not of England, but of Spain, the other great empire of the period from the sixteenth century to the nineteenth century. You would have found yourself, as a former subject of the Spanish crown, suddenly transformed by a peace treaty between Spain and France, into—not a German—but a Frenchman, expecting the arrival of French troops, and already invaded by your French-speaking neighbors, the Haitians, formerly colonized by France. They are now, quite understandably, determined not to let their former French masters invade them from your territory and enslave them again. Your predicament illustrates how people in the European colonies of the American "New World" found themselves at the mercy of events that took place far away from them in the "Old World": European wars, alliances, laws and treaties about which they had nothing to say, but on which their lives and conditions, and even their identities, depended.

What would you have done? Let's consider the options that were proposed by various different groups at the time. Some people said, "Let's join our neighbors, the Haitians, with whom we share an island and some common interests, and help them kick out the French." Others said, "No, let's join the French: they have a strong army that will protect us from everybody else, including the Haitians." Still others said, "No, we're Spaniards. Why should we give up our language and customs and everything else that makes us who we are? Let's petition Spain to take us back into the family in which we belong, like Cuba and Puerto Rico, which are still Spanish colonies." Some suggested joining the United States of America, that highly successful English-speaking neighbor to the north that had declared itself liberated from England in 1776, and fought a war to make their liberation a reality. And another radical group proposed joining, instead, the neighbors to the south, those other Spanish colonies just then erupting into wars of liberation from Spain, and pursuing Simon Bolivar's dream of a huge federation of Spanish-speaking states to counterbalance the powerful English-speaking federations up in the northern half of the hemisphere. All of those opinions were supported by factions of varying strength and numbers, and arguments for and against each option were bitterly disputed, sometimes with violence.

But one group—maybe the most daring and radical of all—had a different idea: why not strike out for total independence from every foreign power, like the fiercely valiant people of Haiti, a former French possession that had staged the world's most successful slave rebellion and become the New World's second independent nation after the U.S.A.?

The would-be revolutionaries in Hispaniola, also known as Santo Domingo, did face a few problems: they had no army, no allies, no money for weapons, uniforms or supplies, and no clear plan for what would follow their eventual liberation. What they did have was the respect of ordinary people, the enthusiasm of their young people, who were beginning to feel like something new, something not European, and the support of the future nation's most far-sighted thinkers. Unfortunately, they also had the entrenched hostility of some very powerful military leaders who were concerned with wielding personal power, becoming rich, and advancing their own interests, rather than with getting a new nation started on its way.

On July 16, 1838, some of the young patriots of Santo Domingo formed a secret society, La Trinitaria, devoted to the pursuit of Dominican independence. They swore a sacred oath to work tirelessly for that cause, and began to recruit new members, one by one, into subgroups of three who were known only to each other, in order to keep the group's plans and identities secret from their enemies.

Notable among them was Juan Pablo Duarte, a young, well educated member of a middle-class family who had picked up new ideas while traveling in Europe and the United States. Under his leadership, the pro-independence revolutionary group also formed two cultural organizations, La Filantrópica and La Dramática, to stage plays that touched upon some of the issues of the day and discuss those issues, in an effort to educate the public and spread democratic ideas. Juan Pablo and his older brother Vicente were eager to spread their revolutionary ideas, and Juan Pablo's young followers shared an interest in the arts as a means to achieving social progress, and a conviction that education, hard work and selfless devotion to a worthy cause could accomplish almost anything.

They also shared a new vision of what the future Dominican Republic should be like: they thought it should be governed by the will of the people, expressed through their elected representatives, and should reflect the multiple ethnicities of the people whose encounters, whether peaceful or violent, just or unjust, brought them to the soil of Hispaniola and forged them into one people. They wanted to include the exploited and marginalized aboriginal inhabitants; generations of conquerors, adventurers, immigrants and exiles from elsewhere; African slaves whose forced, unpaid labor built the foundations of the country and its economy; and the national blend of all those groups, rapidly becoming, even then, the multi-ethnic population that constitutes the Dominican people today.

One of the remarkable aspects of Duarte's thought is precisely his appreciation of the need for inclusion and unity, if a people is going to survive and prosper. He expresses that best in one stanza of a poem of his titled "The Creole" ("El criollo"), in which he urges his companions to defend, as one, the country they hoped to found and share. This is what he says:

> *Whether fair, black or dun,*
> *copper-skinned or mixed,*
> *march on bravely as one,*
> *toward one goal firmly fixed.*
> *Tyrants threaten our land:*
> *save her now, lest she fall.*
> *Let the world know our band*
> *fights as one, brothers all.*

He was far ahead of his time in this, as in much else: consider that when he wrote this poem, the Civil War that ended black slavery in the United States had not yet been fought, and many, even among his fellow revolutionaries in the Caribbean and elsewhere in Latin America, did not yet see themselves as "brothers all."

The book you are reading is a collection of early documents exchanged between Juan Pablo Duarte and others, including his revolutionary group, the "Trinitarios." The documents were saved for posterity by Duarte's magnificent sister, Rosa, who had the good sense to know that someday they would be important to a full understanding of Dominican history.[5] Duarte's two sisters, Rosa and Francisca, paid perhaps the heaviest price of all for their family's devotion to the country their brothers, Juan Pablo and Vicente,

---

5   *Apuntes de Rosa Duarte: Archivo y versos de Juan Pablo Duarte.* Notes by Emilio Rodríguez Demorizi, Carlos Larrazábal Blanco y Vertilio Alfau Durán. Santo Domingo, República Dominicana: Instituto Duartiano, 2009.

helped to create. Everything the Duarte family had was sold to provide supplies for the revolutionary forces, and when they were exiled to Venezuela by their political enemies, the sisters lived in abject poverty, caring, as best they could, for their aged parents and their youngest brother, Manuel, who had lost his mind as a result of the suffering and instability he endured. Nevertheless the sisters never wavered in their fidelity to the cause of national independence, and supported it, whatever the cost, without complaint.

The papers that Rosa preserved, used to compose this book, include military exchanges, orders, requisitions, political communications and private letters that reflect the conflicts, difficulties and incredible sacrifices endured by the founders of the Dominican Republic. We have collected and translated them because we believe they have value, not only for what they tell us about the history of that formative period, but also because they reveal much about the personalities, lives and ideals of people who sacrificed everything, and endured exile, utter poverty, combat and physical injury, to give life to the country they bequeathed to the future.

We hope that these few glimpses into the lives and thoughts of some exceptional, if imperfect, human beings will leave you wanting to know more, and inspire you to extend your reading to include more about the history and culture of the Dominican Republic, the rest of the Caribbean world, and all of Latin America, that important other half of the continent about which we know too little.

Rhina P. Espaillat

Juan Pablo Duarte y Díez Biography

Juan Pablo Duarte y Díez is the epitome of Dominican intellectualism. He was a nineteenth century liberal thinker who fought outside forces to rid his homeland of foreign rule. Duarte is revered as the great hero who fought alongside fellow Dominicans and Haitian allies against the Haitian forces who occupied Santo Domingo for twenty-two years (1822-1844). In addition, Duarte firmly opposed French, Spanish and United States attempts to rule. As demonstrated in his writings, Duarte's ideals called for the inclusion of people of all races including Black, White, and every other shade of human skin color.

Juan Pablo Duarte y Díez was born on January 26, 1813 in Santo Domingo to a Spaniard father, Juan José Duarte, and Santo Domingo-born mother, Manuela Díez Jiménez, born in present-day El Seibo, Dominican Republic. At a young age Duarte demonstrated a mastery for intellectual development. Following in the tradition of the upper middle class, as a teenager his parents shipped him to Europe to continue his studies. It has also been noted by scholars that Duarte traveled to Europe and the United States with his father. Duarte's mother played a pivotal role in her son's educational formation and quest for liberty, as she not only educated her son but also breathed freedom into him, one might say while in the womb.

Duarte's parents left for Puerto Rico in 1801 as a means to avoid French rule upon Toussaint L'Ouverture's capture of Santo Domingo. In 1809 the Duarte family returned to Santo Domingo, upon the conclusion of the War of Reconquista, in which *criollos* – descendants of Spaniards – revolted against French and Haitian forces to recapture Santo Domingo and once more make it a Spanish colony.

The period between 1809 and 1821 has come to be known as *La España Boba* (Foolish Spain). During this period the colony of Santo Domingo was neglected by the Spanish Crown. On December 1, 1821, a movement led by José Nuñez de Cáceres proclaimed Santo Domingo's independence from Spain, in which the territory was rechristened *Haity Español* (Spanish Haiti). Two months later, Haitian President Jean-Pierre Boyer and his troops stormed into the city of Santo Domingo and occupied the territory with almost no opposition, as the inhabitants of Santo Domingo saw Boyer as a pacifist. Haitian forces occupied the eastern side of the island between 1822 through 1844.

On July 16, 1838, Duarte and colleagues founded the secret patriotic society known as La Trinitaria (The Trinity). La Trinitaria brought together a collective group of intellectuals who worked to educate and liberate the Dominican nation. Duarte and his compatriots participated in numerous revolts against Haitian forces. Some were jailed, and some, including Duarte, were exiled. While Duarte was in exile, on February 27, 1844, his fellow Dominican rebels defeated the Haitian forces, thus paving the way for the creation of the new sovereign nation of the Dominican Republic.

Many of Duarte's colleagues, including Matías Ramón Mella, proclaimed him president, but Duarte declined. There were some, on the other hand, less humble than Duarte who felt they should be president. General Pedro Santana, who fought side by side with Duarte during the War of Independence, became the first president. Santana went to great lengths to ensure his rule. He executed or exiled those who opposed him including two of the nation's forefathers who were in the country at the time, Francisco del Rosario Sánchez and Matías Ramón Mella.

Unlike Duarte, Santana favored the Spanish Crown. A wealthy landowner and cattle rancher, Santana was labeled a traitor by Duarte for annexing the newfound republic to Spain in 1861. On August 16, 1863, at Capotillo, a group of Dominican patriots declared themselves opposed to annexation to Spain and raised the Dominican flag, thus commencing La Guerra de la Restauración, The Restoration. By the conclusion of the war in 1865, the Dominican Republic was once more a free nation.

During the Restoration, Duarte arrived on the scene from Venezuela, via Montecristi, on March 25, 1864, to offer his services in pursuit of the restoration of the nation. Soon he was designated as diplomatic representative of the restoration government to Venezuela, where he arrived in August of 1864. He passed away on July 15, 1876, still in exile in Venezuela. Duarte's remains were transported to the Dominican Republic in 1884 where they received a proper farewell. Duarte may not have served as president of his beloved Dominican Republic, nonetheless his ideals will forever mark the existence of the Dominican Republic.

Nelson Santana

PROSE SELECTION

Letter to Juan Pablo Duarte from Jacinto de la Concha, Santo Domingo, Nov. 1843

My dear colleague and friend,

Were I to occupy myself with giving you a detailed account of what my soul has suffered from the fateful moment when the baseness of some among our fellow citizens caused you to abandon the land that witnessed your birth, leaving your good friends overcome with the grief that must of necessity follow such an unexpected event, certainly I should not find it possible, given the crowd of conflicting emotions that assault my soul in succession. Let me say only that joined by such sacred ties as those of friendship, identical sentiments and shared wishes, our sufferings ought to be indistinguishable, but for the fact that you are enduring them away from your country, far from your family and friends, and I can still enjoy those pleasures; but I suffer the torment of seeing every instant those unworthy Dominicans who discredit their fellow countrymen by making them appear, to foreign nations, as lazy and cowardly, a description that in fact applies exclusively to themselves.

Anyway, let us put the past behind us and concern ourselves only with the future. That, I do believe, should bring joy to our beloved country. In a little while…

I think you must have received a letter written to you by F. S. He has asked me to commend him to you, since perhaps he will not write you this time because he is very troubled just now, and writing affects his health badly.

Many regards to you from my brother Tomás, and do me the favor of giving the same to Juan Isidro and Pina, from both Tomás and myself, and also tell them that I wish I could write separately to each of them, but that on this occasion it is impossible for me because the ship that will carry this is due to leave tonight, and it is already six in the evening.

And you, dear friend, do not doubt a jot of the sincere friendship professed by your unwavering

Jacinto de la Concha

RPE

From Silvano Pujol, to Juan Pablo Duarte, Juan Isidro Pérez and Pedro Alejandrino Pina

God, Country and Liberty
Dominican Republic

Dearest friends and compatriots:

Receive, through Ravelo, the sweetest kiss of deepest affection, and swear eternal hatred to the Haitian people, from the cradle that rocked you to the borders of Siberia. We are free, and we march to the Frontier to impose fear upon them. Let them tremble now and blush to experience our generosity.

Yours unto eternity,

S. Pujol, and, as our Juan Isidro has always wished, Secretary of the Provisional Government.

To Juan Pablo, Juan Isidro and Pedro Pina
Curaçao

RPE

Translator's Comment on the Letter to Juan Pablo Duarte, Juan Isidro Pérez and Pedro Alejandro Pina

I've translated this letter from Silvano Pujol to Juan Pablo Duarte and two other revolutionaries who were working for Dominican independence because it claims to "swear eternal hatred to the Haitian people," despite the very long history of frequent cooperation, commerce and mutual assistance between the two countries that share the island of Hispaniola. Because I knew that people from the French colony on the western third of the island, and people from the Spanish colony on the eastern two-thirds, have always routinely shared a great many goals and political interests, and often found shelter in each other's territory when they fled from political enemies, I was shocked at the hostility expressed in this letter by an idealistic young "freedom fighter." It surprised me, also, that it would be sent to Duarte, because I know from Duarte's poems and other writings that he did not approve, much less share, the attitude expressed by his good friend Pujol, who was not only a fellow fighter for independence from Haitian domination, but also a signer of the Dominican declaration of independence, which established the nation on January 16, 1844.

Thinking about it, I realized that this letter is an example of political and military rhetoric at work, the habit of gearing up for a fight by "talking tough" and demonizing the opposition until it feels legitimate to exercise violence against the enemy of the moment, whether that's a soldier on the field of battle, or a political opponent, or a member of some other group. We still do that today, unfortunately, and in the process we sometimes forget that there are other, better means to deal with those who oppose us. The process of "talking tough" involves deliberately distancing ourselves from the other, hardening ourselves to whatever claims the other may have on us, and trying hard to forget that the other is human, like us. Does that kind of rhetoric necessarily convey genuine personal feelings, or is it a kind of psychological armor? It isn't always easy to know.

What we do know is that the rhetoric produced by warfare is universal. I still remember the posters that used to hang on the walls of my elementary school during World War II, demonstrating, with brutal exaggeration, the hard, cruel features of the generic German, and the long, fierce teeth of the Japanese, whose threatening eyes regarded us from a face of an alarming shade of yellow. By such means were we taught to fear and hate the enemy. And the remarkable thing is the length of time it took us, after the war, to regard the German and the Japanese without that blend of hatred and fear.

Rhina P. Espaillat

Bill of Foundational Law[6]

BILL OF FOUNDATIONAL LAW

GOD

HOMELAND AND LIBERTY

We, the undersigned, appointed by the people as the legitimate representatives of the Dominican Nation, gathered in the august Legislative Assembly, in the name of God, Supreme Creator, arbiter and regulator of nations, and in accordance with the powers that have been vested in us, approve the Bill of Foundational Law submitted to our consideration by…we have adopted and we decree the following Constitution of the State.

Chapter 19

Of the Law

Art. 1. The Law is the rule that binds those who are governed and those who govern.

Art. 2. For this rule to deserve the name of Dominican Law and therefore, for it to be upheld and obeyed as such, in the form this Constitution prescribes, it is necessary for it to be: 1st, proposed by those with authority to those who awarded them that authority; 2nd, discussed, adopted and decreed by the National Congress (which we will discuss below), as will be set forth in its section; and 3rd, sanctioned and promulgated by the Executive Power, as established in this Foundational Law.

Art. 3. For international treaties to be binding as International Law, and before they are sanctioned and approved by the Executive Power, they must be ratified by the Supreme National Council, of which we will speak later.

Art. 4. In order for the municipal ordinances to have the force of the law

---

6   This Bill of Foundational Law appeared published in the first issue of *Letras y Ciencias* in 1899. In *Clío* in 1935 Emilio Rodríguez Demorizi mentions the Bill in his essay submitted for admission to the Academy of History. Physically, this document consists of a booklet made of blue Bath paper folded in half along its width, sewn with black thread, making a total of ten small pages. Almost all pages are crossed by diagonal lines, some of which cover the whole page and others only a part of it. These lines do not appear on pages 4 and 5 but they appear again on page 10 and the last page.

in their respective municipalities, they must be approved by the National Congress, as will be stated in the second part of this Constitution, where the Municipal Legal Authority is addressed.

Art. 5. The agreements, regulations, etc., of the national, municipal or local authorities, will have the force of law as long as and when they are dictated within the power of said authorities and do not exceed those powers.

Art. 6. Since National Independence, the source and guarantee of homeland liberty, the Supreme Law of the Dominican People is and will always be its political existence as a nation free and independent of all domination, protectorates, intervention and foreign influence, as it was conceived by the founders of our political association[7] (on July 16, 1838) in the words of its motto, GOD, HOMELAND, AND LIBERTY, DOMINICAN REPUBLIC. National Independence was proclaimed on February 27, 1844, thus understood by all townships, whose pronouncements we confirm and ratify today; in addition, it establishes that those who govern and all who are governed who then act in opposition to it in any given way, place themselves *ipso facto*, by their own actions, outside of the law.

Art. 7. Laws that are not declared irrevocable may be repealed and reformed in whole or in part.

Art. 8. The same formalities and procedures followed during the creation of a law shall be followed for the repeal of said law.

Art. 9. Laws that are not clearly and strictly repealed will be considered valid. It is not acceptable to assume that any law that has not been repealed "has expired or fallen into disuse."

Art. 10. The law can not have, and will never have, a retroactive effect.

Art. 11. No one can be judged other than under the law that was currently in force and valid before the crime was committed, nor can another penalty be applied other than the one established by the law and in the way the law prescribes it. (12 bis)

---

7 The Trinitaria Secret Society, which was founded by Duarte, developed and accomplished the great goal of Independence (Translator's note).

Art. 12. No person, whether an authority or not, has the right to forbid what the law does not forbid. (See art. 12 bis).

Art. 13. An appeal to the law obligates every Dominican, whether a public authority or not, to help the appellant, under penalty of being punished for not doing so, according to and in the way the law stipulates.

Art. 14. In particular, if the person appealing to the law is a public agent, every bystander is obligated to render assistance, under penalty of being punished, as has been stated.

Art. 15. The law is that which gives the ruler the right to govern and imposes on the governed the obligation to obey; consequently, all authority not constituted in conformity with the law is illegitimate and therefore has no right to govern, nor is anyone obligated to obey such an authority.

Of the Dominican Nation and the Dominican People

Art. 16. The Dominican Nation is the aggregate of all Dominicans.

Art. 17. As stated in Art. 6, the Dominican Republic shall be free and independent and can never be part of any other nation, or the patrimony of a family or person, whether native, and much less if foreign.

Art. 16 (sic). The law denies any illegitimate authority to have *immanent* sovereignty, which regulates domestic businesses, or *transient* sovereignty, which represents the nation in its correspondence with other states. Consequently, every treaty or pact signed by an illegitimate authority is null and in no way obligates the nation, regardless of what is stipulated in said pact, even if the pact does not exceed the powers granted by law to a legitimate authority.

Of the Dominican Nation

Art. 17. (sic). The Dominican Nation is the aggregate of all Dominicans.

Art. 18. The Dominican Nation is free (art. 6) and independent and is not and can never be a part of any other Power, or the patrimony of a family or person, let alone foreign.

Art. 19. *Immanent* (art. 16) and *transient* sovereignty essentially resides in the people; it is inadmissible, sovereignty being inalienable from the nation itself, to accord the people's delegates (who are the legitimate government), any more than the right to function and govern for the common good according to the law, and advance the general wellbeing of society and the nation itself.

Art. 20. Through its Delegates, the Nation is obligated to preserve and protect, by means of wise and just laws, personal, civic and individual freedom, in addition to property and other legitimate rights of all individuals within it, without excluding foreigners (who must also be protected by justice) from the duties imposed by humane considerations.

Of the Dominican People

Art. 21 All those are Dominicans who acquire this attribute either by birth or by obtaining a document granting nationality from the government in accordance with the law.

Dominicans by birth are:

1. Those who are descendants of two Dominican parents and were born in the national territory. Or those born aboard national vessels on the high seas or docked in a national or foreign port, whether friendly, enemy, or neutral, or in foreign territory, as long as their parent is a government agent or is outside of the country with permission from the government; and their children.

2. Those born to a Dominican mother or father in the territory, vessel, etc.

3. The children of foreigners etc.

Art. 22. All foreigners who become naturalized.

Of the National Territory

Art. 23. The Dominican territory, whatever its limits, will be divided for administrative purposes, in civil terms, into large municipalities, which will be divided into cantons, which will in turn be divided into districts.

Regarding the judicial: into municipal courts, circuit courts, these into cantonal courts, and the latter into district courts.

Regarding the ecclesiastical; the archdioceses will be divided in as many vicariates as there are large municipalities, and these in as many parishes as is convenient.

Regarding the military: into districts or general commands and these into local commands, and these into sections.

Regarding the Navy; it will be divided into departments or general navy commands, these into particular commands, and these into port captaincies.

Regarding the economic or financial: into main administrations, these into financial delegations, and these into subdelegations.

Regarding the settlements: into cities, small towns, villages, hamlets or localities.

Art. 24. Special laws will establish the limits of these divisions and subdivisions, and will determine what concerns their organization or administration.

Of Religion

The predominant religion of the State will always be the Catholic Apostolic Church, without curtailing liberty of conscience, and with tolerance of forms worship and of societies not opposed to public morals and the virtues required by the gospel.

Of the Government

Art. (sic). Given that the government is established for the general wellbeing of society and its members, it is and must always be, before anything, *autonomous* and never subject to foreign imposition, direct or indirect, near or remote. It is and must always be *popular* in terms of its origin, *elective* in terms of how it is organized, *representative* in terms of the system, *republican* in its essence and *responsible* in its actions. A special law will determine its form: see the second part.

Art. (sic). For the best and most expeditious way of implementing public commerce [the government] will be separated into the Municipal branch, Legislative branch, the Judicial branch and the Executive branch.

Art. 2 (sic). These are named constitutional powers because they are and will always be established, under penalty of becoming illegitimate, as stated by the Constitution and not otherwise.

General Dispositions

Art. Once enacted in the respective places, the law is assumed to be known by everyone and therefore obligatory for everyone.

Art. It is forbidden to reward any informer or traitor no matter how gratifying the betrayal may be, even when there are just motives to be grateful for the denunciation.

Note: The irremovability of judges and other public officials will be discussed in the second part.

Art. 12. bis. The law, except for lawful restrictions of rights, must be the caretaker and protector of life, liberty, honor and property of the individual.

Art. 13. When a law of recognized public usefulness causes damages or losses to a third party, natural equity demands that the party will be compensated for the damage caused.

Art. 13. bis. No one will be judged in civil or criminal cases by any commission other than the competent tribunal previously determined by the law.

> 1st No power on earth is unlimited etc., including the power of the law.
>
> 2nd All Dominican power is and will always be limited by the law and this by justice, which consists in giving each person what rightfully belongs to him.
>
> 3rd Every law implies an authority which it originates from, and the efficient and radical cause of this authority, by inherent right, resides in the people and is inseparable from their sovereignty; by virtue of that power, the people's delegates, gathered in the Congressional Legislative Assembly, establish the rule otherwise known as law.

MA

Notice in which the Father of the Nation designates Colonel Manuel Rodríguez Objío Chief of his General Staff

God, Nation and Liberty
Dominican Republic

No. 2

Juan Pablo Duarte, Chairman of the Founders of the Republic, Commander in Chief of the armed forces, etc. - to Colonel Manuel Rodríguez Objío.

Colleague and friend:

For the present time you are given charge of my General Staff as well as of the Ministry. In both charges we depend, as always, on your renowned fidelity and cooperation.

With brotherly greetings. At the foot of the mountain in the difficult days that precede success, December 14th, 1863, year twenty of Independence and year one of the Restoration.

SMH

Letter from Duarte to Pedro Alejandrino Pina, December 25, 1863

God, Nation and Liberty
Dominican Republic

No. 3

Colonel Pedro Alejandrino Pina
Cumarebo.[8]

Friend and colleague:

I have written three letters in response to the one you wrote me from Cumarebo, and in the last one I announced my plans to visit and speak with you. Though it is now time for me to travel to Mapararí, I cannot go because of my illness. For this reason, I respond with the present letter, which the messenger I have specifically chosen to dispatch to you, Colonel Manuel Rodríguez Objío, my Secretary and Chief of Staff, will deliver to your hands. This man I am sending will be able to tell you in person how much has been done, is being done, and can be done at present for the august and sacred cause of our beloved nation, and will speak of our urgent need to get in touch so that we may understand each other and jointly adopt the measures that seem most conducive to our sacred mission. I recommend to you very strongly, although I think it superfluous, the character of our commissioner Colonel Rodríguez Objío, the youth of whom I spoke to you previously and who I think will know how to win your affections just as he has won mine. Apart from that, I do not doubt that on the way back from Mapararí I will have the pleasure of seeing us together in this, for the good of the nation, which is to say, our own good.

May God protect you...
Caracas, December 25th, 1863

SMH

---

8 Cumarebo, Venezuela. Duarte found himself in Venezuela when news arrived of this unfortunate event. He immediately headed for Caracas at the beginning of the War of the Restoration. Many believed the Father of the Nation dead. See *Apuntes de Rosa Duarte*. (Translator's note)

Letter of recommendation in favor of Manuel Rodríguez Objío

God, Nation and Liberty
Dominican Republic

Caracas
December 25th, 1863

No. 4

Colonel Manuel Rodríguez Objío.
Present.

Friend and colleague:

The present will serve as identification to confirm you as our commissioner, and as such will grant you access to Coro[9], to confer, as we have agreed, with our colleague and much loved friend, citizen Pedro Alejandrino Pina, to whom you will communicate the objective of your mission, in accord with your instructions.

SMH

---

9   Coro, Venezuela. (Translator's note)

Notice ordering Manuel Rodríguez Objío to pay his respects to founding father Mariscal Falcón[10]

God, Nation and Liberty
Dominican Republic

Caracas
December 25th, 1863

No. 5

Colonel Rodríguez Objío
Present.

The present entitles you, as my representative, to offer my respects to the Grand Civilian Marshal of the Armed Forces and President of Venezuela, congratulating him for the honor, as lofty as well-merited, with which his illustrious nation has recognized his notable services, concluding with a cordial and brotherly salute, and sending him a thousand good wishes for the new year.

SMH

---

10   (Footnote abridged and translated from *Apuntes de Rosa Duarte*) The annexation of Santo Domingo to Spain and the Restoration were concurrent with what is known in Venezuela as the War of the Federation, of which the principal spokesperson was Juan Cristóstomo Falcón, the Grand Marshal. In 1863, the Coche Accord was put into effect, allowing oligarchs and federalists to make peace and Falcón to come to power. The War of the Federation lasted five years. It was difficult, bloody, and left the country in a poor condition. Pedro Alejandrino Pina writes of this in his letter, "La Vela de Coro," or, "The Vigil of Coro."

Translator's Note

Though brief in content, these letters to Colonel Manuel Rodríguez Objío and Colonel Pedro Alejandrino Pina from *Apuntes de Rosa Duarte* form a distinct image of Duarte as a leader during a time of personal and national turmoil – and introduce to us a man whom he trusted with the fate of the nation. Penned by Duarte as he lay ill, these letters honor Colonel Manuel Rodríguez Objío with the title of Chief of Staff and send him to Venezuela as Duarte's official representative.

When we tell the stories of nations, we often abbreviate the list of characters who *matter most* – these become our protagonists, our national heroes, of which Duarte is certainly one. Nevertheless, just as the people and ideas that surround us influence our lives, the many characters who go unnamed in a national story carve their own imprints into our futures.

These letters are a glimpse into an event we can easily skip in our abridged version of history; in December of 1863, Duarte fell ill and transferred his power to his secretary, Colonel Objío. For a brief period, Objío was Duarte's trusted representative, interacting with international leaders and making decisions on Duarte's behalf. Unfortunately, very little information exists about the man to whom Duarte entrusted the reins of his beloved nation.

Manuel Rodríguez Objío was born December 19th, 1838 in "the oldest of American cities,"[11] according to Ramón Lugo Lovatón, author of one of the few existent biographies of the young colonel. Objío was the first child of Andrés Rodríguez and Bernarda Objío, and rose to the rank of colonel very quickly. He was only twenty-four years old when Duarte named him Chief of Staff. Readers of this chapter may notice that the events on which Duarte reports occurred just around the time of Objío's twenty-fifth birthday.

This collection of letters, and the abridged biography that humbly accompanies it, is a reminder to the reader that though we may never find "truth" in history, our story will come alive most vibrantly if we take the time to view it from the least traditional angles. There are no small parts in history.

Sherill-Marie Henríquez

---

11 Lugo Lovatón, Ramón. *Manuel Rodríguez Objío (poeta, restaurador, historiador, mártir)*. Ciudad Trujillo, R.D.: Editora Montalvo, 1951 p. 14.

Letter to General Antonio Guzmán Blanco regarding the remittance of one thousand pesos owed to the generous Marshal Falcón

To the Citizen General Antonio Guzmán Blanco,
Vicepresident of the Venezuelan Federation.
Present. Particular.

Citizen General:

Colonel Manuel Rodríguez Objío is authorized to receive the amount of one thousand pesos that the generous General Citizen Marshall President Juan Crisóstomo Falcón agreed to [lend me] upon my request.

With my deepest gratitude I undersign with pleasure etc... signed—*Gl. Drt.*[12] Caracas, January 19, 1864.

MA

---

12   Note by the translator: General Duarte.

Letter from Duarte to Blas Bruzual, January 21, 1864

No. 7.—Don Blas Bruzual.[13]—Present.

My esteemed friend: I am happy to reply to your letter of the 16th of this month to say that your announcement was wholly verified yesterday; I received the one thousand pesos that you mentioned in it. There are no words, in any language, significant enough for me to express our gratitude. I hope, and greatly trust, that we will be able to express it to you some day.

In the mean time, may the present letter be a testimony of my gratitude. I greet you with friendship, your most affectionate *Gl. Drt.*

Addendum: The date of the letter coincides with the date in which Riviére led an uprising in the Keys on January 16, 1843, against Boyer, in whose fall you also took part. What could this coincidence mean?

Caracas, January 21, 1864; year 21 of the Independence and year 1 of the Restoration.

MA

---

13   Blas Bruzual contributed to the war of restoration in his capacity as minister of Venezuela in Washington. The Government of Santiago on September 21, 1864 released a decree giving a vote of thanks to Blas Bruzual and Dr. Felipe Larrazábal for the services they voluntarily provided to the Dominican cause.
The decree was delivered to Dr. Larrazábal by Dr. Melitón Valverde, a representative, with Duarte, of the Santiago government in Venezuela.
Larrazábal placed at the disposition of the Restoration his newspaper *El Federalista* and his writing, editorials and chronicles to maintain interest in the war against Spain.

Letter from Duarte to Captain David León
Notice in which Captain David León is designated secret agent

To Captain David León.

Comrade and friend:

After seeing the enthusiasm and spontaneity with which you, as a good Dominican, offer your services to the holy cause of the *Dominican Restoration*, and honoring the patriotic feelings that motivate you, I have decided to name you, and do name you, *Secret Agent* in your place of residence so that when you carry out your work with the caution the circumstances require, you may do as much as you are able to in favor of the triumph of our holy cause, which God and the Dominican Republic will know how to reward.

You already know the other agents whom you can address when you deem convenient, and in everything else you will follow the instructions we have verbally given you. The *Gl. Drt.*—At the foot of the Mountain in the valley of Perseverance.

January 29, 1864; 21st year of the Independence and 2nd year of the Restoration.

MA

Letter from Duarte to Commander Alejandro Gazán, January 29, 1864

Appointment of Commander Alejandro Gazán[14] as Chancellor of the Agency of Curaçao.

Copy of the appointment as Chancellor of the Agency of Curaçao, namely: God, Homeland and Liberty. Dominican Republic.—Dominican Restoration.—Confidential Agency of Curaçao and others...

To Commander Alejandro Gazán.—By virtue of the post of Confidential Agent of the Dominican Restoration vested in me by the Dean of the Founders of the Republic, General Duarte, I have decided to appoint you, and do appoint you, Chancellor of this Agency, always counting on your fidelity and the support that every good Dominican owes to the just and holy cause of our dear homeland. God save you etc. —Curaçao, February 8, 1864; year 21st of the Independence and 2nd of the Restoration.—signed *Francisco Saviñón*.—Read and approved.

—*Gl. Drt.* —At the foot of the Mountain in the valley of Perseverance. January 29, 1864; 21st year of the Independence and 2nd year of the Restoration.

MA

---

14   Alejandro Eugenio Gazán, son of Juan María Eugenio Gazán and Marie Elizabeth Nouel, was born around 1830 and died in 1874. He married María Francisca Sardá, daughter of Francisco Sardá and Florentina Román. His descendants are few and from the female line: Valverde-Gazán, Valverde-Castillo.

Letter from the Founding Father to the Government of Santiago announcing his arrival in his motherland and offering his services[15]

Guayubín, March 28, 1864, and 21st year of the Independence.

Members of the Provisional Government.
In Santiago.

Banished from my homeland by that parricidal faction that began by expelling the founders of the Republic in perpetuity and has now resolved to sell foreigners the Homeland, whose independence they had sworn to defend at all cost, for twenty years I have lived the nomadic life of the exiled without the will of Providence to fulfill the hope I always cherished, to some day return to the bosom of my fellow countrymen and dedicate myself to the defense of their political rights even if it costs me my strength and my life.

But the time of the great betrayal has come, in which Iscariot deemed his actions accomplished, and with it the time for my return to the Homeland: the Lord eased my path and despite the difficulties and risks that I faced on my way, here I am, with four other comrades[16] in this heroic town of Guayubín, willing to overcome with you, and in the way you deem appropriate, the misfortunes and difficulties that God may still have reserved for the great endeavor that is the Dominican Restoration, which with such valor, honor and glory you have carried out.—I believe, not without grounds, that the Provisional Government will not fail to appreciate my contribution towards the triumph of our just cause once I personally communicate it to them, and I expect that their great wisdom will allow them to derive important and positive results from this.

Please accept the consideration and regard with which *Gl. Drt.* is at your service.

MA

---

15   This letter appears almost in its entirety in *Compendio de la Historia de Santo Domingo* Vol. III by José Gabriel García, p.506 (Santo Domingo: Impr. de García hermanos, 1893-1906).
16   These four comrades were Mariano Díez, uncle of the Founding Father; Vicente Celestino Duarte, who died in the restoration war; Manuel Rodríguez Objío, and the venezuelan Candelario Oquendo. Don Mariano Díez was born in el Seibo on September 24, 1794 and he was 70 years old when he served the Homeland. He did not return to Venezuela with Duarte when the latter left for a special mission. It seems that this fact has not been analyzed in posterity, as many others that pertain to the illustrious families Duarte and Díez.

Letter from Duarte to the Provisional Government, July, 1864

Letter to the Provisional Government in which the Father of the Nation announces his arrival to Saint Thomas and his agreement with Melitón Valverde, his associate.

To the Provisional Government of the Dominican Republic

Sir:
  Since my arrival on June 28th my primary objective has been to speak with Mr. Melitón Valverde, as was to be expected, and I have had the satisfaction of finding him willing to contribute as much as he could to the successful accomplishment of the Dominican Restoration, following your orders to the letter, as I have done. On the 29th we were to head to the first destination to begin the task assigned to us, but obstacles not to be discussed in writing prevented our doing so. We were also waiting for an English ship, which arrived yesterday from Europe, conveying a person with whom we should hold our first interview.

  If we succeed in reaching an agreement on a matter we began discussing two days ago, we will both travel tomorrow to the meeting point we agreed upon; if not, I will probably go alone to secure what is most important, the money needed so that my colleague may travel with me, since I do not want to act without his approval, as he has earned, and undoubtedly deserves, your utmost confidence.

  I won't go into any details about the contents of the letter Mr. Melitón Valverde wrote to the Ministry of Foreign Relations on the first of this month.

With assurances of the most wholehearted friendship, your obedient servant,

Gel. Drt.

Saint Thomas July 1864

AP

Letter from Juan Pablo Duarte in which he responds to various letters from the governor of Santiago, expresses opinions on the impact of events, the aims of the motherland, and also alludes to his radically nationalistic position.

REPRESENTATION OF THE DOMINICAN REPUBLIC IN VENEZUELA

Caracas, March 7th 1865
Secretary of Foreign Relations:

I've received your letters, numbers: 2, 3, 4, 10, 13, 31, 37, 53 and will now respond to them.[17]

By the second letter, dated October 17, I was informed of the change that had taken effect in the government's personnel, and how this change took place without any setback; but I have yet to receive the very explicit memo and note that were to accompany it.

In the message dated October 18, number 4, it makes me sad to see how anxiously you wait for what has been promised many times by credible individuals; but to tell you the truth, those same individuals do not seem to have the same independence today that they had yesterday.

In response to the one dated October 13, number 6, where I am told: "By order of the supreme government you shall remain in Caracas as your own representative, so that when Mr. Valverde leaves for New Granada the Dominican Republic will continue to be represented honorably in Venezuela. The government entrusts to your patriotism the continuation of the measures begun concerning that State, and hopes that they produce favorable results."

I should tell you that, with the changes made on October 17, my powers as Plenipotentiary Secretary of the Dominican Republic, etc. have been terminated and this note alone will not suffice to reinstate me since it is missing the most important item, the signature of my constituent,

---

17   The 10th letter does not appear in Duarte's archive. It dealt with the Government's conduct toward the traitors. It probably refers to Decree 807, which can be read in the Colección de Leyes y Decretos (Collection of Laws and Decrees), Volume IV, page 316, ed. 1927.

who is currently General Gaspar Polanco, the president of the provisional government. This is a legal statute, and requires that when the power of an appointee ceases because of the death of the constituent who appointed him, it is paramount that he be accredited again by the successor, which may be done by means of the same letter the successor writes notifying others of the death of his predecessor. In spite of this I have not and will not stop working in favor of our sacred cause, doing, as always, more than I am able to; if up to now I have not done everything I should have, and have wanted, want and will want to do for its sake, that is because there is always someone who undoes with his feet what I do with my hands.

Through the note from October 26, number 10, I was informed of the Government's reasons for their conduct toward the traitors, and I must tell you that as long as the traitors are not held accountable as they should be, the true and great Dominicans will always be victims of the traitors' treacherous plotting: the government should prove itself strong and just in the present circumstances or we will have no homeland, and consequently neither liberty nor national independence.

With regard to the contents of the note dated November 4, number 13, I attest that before my departure from there I was already hearing what I am being asked but no matter how much I have tried to inquire about the truth of the matter, here and elsewhere, it has not been possible to learn anything concrete; but I don't doubt it, considering our enemies' treachery.

I did what was asked of me in the note dated November 23, number 31, concerning the Dominicans who still find themselves out of the territory.

In the note dated December 10, number 37, I see that the report given to me (in the second one) has not been remitted to me because of the continuing peace talks with Spain, even though it is through General Geffrard[18]. Hopefully these talks and interventions will not end (as I fear, and

---

18   History speaks of these peace talks and, as we know, an agreement was never reached. However, they still had grave consequences for the president, leading to his loss, since he was thought weak, and one who compromised with enemies.

It seems that the initiative to encourage Geffrard's mediation also originated with La Gándara: "Colonel Van Halen was also in charge of interviewing Geffrard. They tried to explore his disposition and also, if possible, issue hints which would bring about his indirect cooperation, in order to fulfill the purpose in hand. (Letter from October 24th 1864 to Fernando Fernández de Córdoba). (Diario de sesiones, Documentos relativos a la cuestión de Santo Domingo, etc.) note from 273

I have more than good reason to do so) in wars and in disasters for us, or I should say, for all of us! Do not despair, Sir, our homeland will be free and independent of all foreign powers or the island will sink.

Now about what was requested of me in your note from December 27, number 53, concerning the great American conference (in Lima), I spoke with the Peruvian Consulate about this, in order to see if, as you tell me, the Dominican Republic could achieve recognition, not as a belligerent, but as an independent power. The consulate seemed very surprised by the request, which is why I ask you to provide me the report that has been promised to me; that is, if the government accredits me as Foreign Minister of the republic again.

Regarding the mission I was in charge of, I will state that General Candelario Oquendo found me in Coro discussing it; the general came to Caracas in December and I left later, around December 3rd, positively sure that I was finally going to see many of the promises fulfilled. And why shouldn't I have thought so, when even the Citizen Grand Marshall himself, in the presence of General P., bid me farewell with these promising words: "Go with the general and I assure you that you will be left satisfied, as he is bearing my orders"? But we arrived at Caracas and the vice president vehemently refused to fulfill the orders. However I have received 300 pesos, 100 of which I have given to General Oquendo, who will be leaving for there tomorrow, as the carrier of this letter. The general will fill you in on the details of this farce and on the characters that play the principal parts in it. He will tell you that Venezuela has no reason to envy Santo Domingo when it comes to interventions, annexations, betrayals, divisions, tensions, doubts, vacillations and also unrest, in other words, everything, of all types and of all calibers.[19]

There is much talk in Europe and in America about the abandonment of the island of Santo Domingo on behalf of Spain, and there are even those who affirm it, as if they were in on secret councils; others opine that the abandonment will not be absolute but instead will make an exception in order to hold on to the Samaná Peninsula, which is the same

---

19   May the ancestral spirits of the Father of the Nation forgive us, but there is a slight disagreement when it comes to the "annexations". In regard to everything else, total agreement. Santo Domingo and Venezuela have similar histories, since they are both societies with a common origin, but in this country there was no place for annexationism. Unless Duarte is referring to ideas of annexation in the mind of some politician we do not know of.

as (in my opinion) postponing the total occupation until a more favorable time. But be it a total abandonment or partial abandonment, and may the allies or enemies of the Dominican Republic and even those of Spain say what they wish about it, this abandonment seems to be a ruse with which to beguile the credulous and an attempt to distract the Dominicans and the government in order to suddenly invade our lands and allow a landing by the fleet that is currently being organized in Spain. There is no reason to fall asleep, and instead of believing all of these tales, the government should take measures to prepare for the enemy who supposedly will attack through three different points, if it isn't already four (I could be wrong), which (I suppose) are to be Montecristi, Puerto Plata, Samaná and the South. The army is said to consist of about 30 thousand men; but unless they have other purposes besides the occupation of Santo Domingo, this army cannot consist of more than 12 to 15 thousand men.[20]

And there is more: In Curaçao Báez supposedly said (He didn't tell me directly since I haven't seen him) that in Cibao there is talk of a new plan of annexation to the United states, and that this makes them feel very proud; others suppose there is a pro-Haitian party, and there are even those who say there may be a pro-French party. That may be why the foreign newspapers, which aren't really well informed of our affairs, affirm (without it being true) that in Santo Domingo there are four or more parties and that the country supposedly finds itself conflicted: this is entirely false; in Santo Domingo there is only one nation, which wishes to be and has proclaimed itself independent of all foreign powers, and one minute fraction that has always pronounced itself against this law, against this desire of the Dominican people, always attempting, by means of schemes and sordid maneuvers, to use the situation to their advantage and make the Dominican situation seem different from what it truly is. That fraction, or better yet that faction, has been, is and always will be everything but Dominican; that is how it is seen

---

20   The withdrawal was not a tall tale; the idea of an organized expedition from Spain was true, and someone with information believed that 10,000 men would suffice. The attack points were the same ones Duarte noted. But these preparations, better yet these intentions, were held back by the crown's order on October 13th due to the upcoming reconstruction projects that La Gándara wanted; La Gándara believed that his first duty should be to achieve the goal peacefully, even through submission, almost unconditional surrender. The government did not want to resort to any sort of military expedition without consulting the Spanish Parliament, hence the matter was proposed for approval to the War Ministry, which on January 1 1865, voted for the total withdrawal from Santo Domingo.

in our history, as a representative of the anti-national side and therefore a natural enemy of all of our revolutions: if you don't believe it, look at the cabinet members in the time of Boyer, and then look at the Rivierists, and how even before February 27 they were seen as a French protectorate, and much later pro-American annexationists, then Spanish, and today they are already planning to protect themselves from retribution through another annexation. This is how they are lying to other nations about the political beliefs they do not have, and all of this in the name of the Motherland! They, who do not have nor deserve another homeland than the slime of their miserable servility. Now then, if I have pronounced myself as an independent Dominican since July 1, 1838, when the words Homeland, Liberty, and National Honor were deemed infamous, and for that I deserved (in the year 1844) to be persecuted to death by that faction which then was Haitian, and by Riviére who protected it, and whom they betrayed; if later on in 1844 I pronounced myself against the French protectorate chosen by those rebels, and against the cession of the Samaná Peninsula, and because of this earned all the misfortunes that have rained upon me; if after twenty years of absence I have spontaneously returned to my homeland bearing arms to protest against the annexation to Spain which is being carried out, in spite of the national vote, because of the swindles of that band of traitors and patricides, no one should expect me to stop protesting (and along with me every great Dominican) as I protest and always will, and I don't say this only about the annexation of my homeland to the United States, but to any power on earth, and at the same time against any treaty that happens to diminish in the slightest way our national independence and reduce our territory or any of the rights of the Dominican people.

One more thing and I am finished: having seen the different paths of the Franco-Spanish policy and the Anglo-American policy, and the importance that our island holds for the advancement of the ulterior motives of all Four Powers, we shouldn't be surprised to see, one day, armies from each one of them in our homeland, fighting for what isn't theirs. There may be fools who, because of cowardice, ambition or maliciousness will run and hide their dishonor in the shadows of another foreign flag, and, considering the circumstances, there won't even be one Dominican able to say "I'm neutral." Instead, all have to pronounce themselves either for or against the Dominican Republic, and it is better that I tell you now, (even if I am repeating myself) that no matter how hopeless the cause of my homeland, it will always be the cause of honor and I will always be ready to honor its banner with my blood.

I should let you know that I receive your letters or memos very late, meaning that my responses are also received late, for which I ask for the carrier of Saint Thomas to be 100% Dominican and for me to meet him; as for Curaçao, Mr. Francisco Saviñón will send them to me on a continuous basis. To General Manuel Rodríguez Objío, Secretary of Foreign Relations. - God and Liberty

Addendum to the letter I had sent to ex-governor Polanco dated March 7, 1865:

It is March 22, 1865. — Dear Minister — the former is a copy of the letter I wrote the other government that I ratify and now add that on the 20th I received your second letter, dated February 2, and number 9, dated February 16.

Through the contents of the first and the sheets that accompanied it I was apprised of the change in government that occurred on January 23.

In the second, I am ordered to take on the powers granted to General Candelario Oquendo by the previous government, and send them the copy of the mandates in the letter; which I will do so as soon as I work out all the details, since he (which I noted in my previous letter) left from here on March 8, and I have yet to receive a letter or any news from him.
God and Liberty

AP

Letter in which Duarte gives thanks for the accommodations given to Mariano Díez and recommends them for Vicente Celestino Duarte

DIPLOMATIC HEADQUARTERS OF
THE DOMINICAN REPUBLIC

God, Homeland and Liberty
Caracas, March 7 1865
Distinguished General and Friend:

Without a letter to respond to I pick up my pen to write the present. And before anything I would like to express my gratitude for the assistance given to my dear uncle Coronel Mariano Díez, a venerable veteran who, in spite of his age and ailments, rushed to do everything he could for his homeland, sacrificing his own interests and giving to the effort what little or much of life he has left. Be assured that we are grateful.

Since you treated my uncle so well, I feel I may also take the liberty of requesting the same for my dear brother, Vicente Duarte, who also assisted, as he should have, in our holy cause and who I believe is currently in the Sub-delegation of the treasury department of San José de los Llanos.

You will be informed on the current state of this country, in relation to ours, in my letter to the Minister Plenipotentiary.

General Oquendo Jr. will apprise you as to the interrelated reasons why my mission with respect to this government has not had the desired results.

AP

Letter from Duarte to Álvaro Fernández

Curaçao, March 23, 1865.

Mr. Álvaro Fernández,
Saint Thomas.

Dear sir: I enclose herein a document to be directed to the Ministry of Foreign Affairs in the Dominican Republic.

Please ensure that it reaches the appropriate hands as soon as possible.

Please alert me as to whether or not General Oquendo is present there, as I have something urgent to communicate to him on behalf of the Government and have no knowledge of his whereabouts.

Greetings to you, etc.

NS

Translator's Comment on "Letter from Duarte to Álvaro Fernández"

Champions of freedom are often venerated for fighting through war. In the case of Duarte, he was an instrumental architect who led a group of male and female rebels to Dominican Independence. He fought diligently to grant Dominican Independence to his brothers and sisters. His letter to Álvaro Fernández demonstrates his relentless commitment to the Dominican Republic even while in exile.

Nelson Santana

Letter from Duarte to Gen. Candelario Oquendo, March 26, 1865

Letter to General Candelario Oquendo informing him of the accusations brought against him by the government of Santiago.

Diplomatic Headquarters of the Dominican Republic
God, Homeland and Liberty

Dominican Republic, Caracas March 26th 1865- 22-3[21]

Honorable General:
On March 20th I received a letter stating the following:

God, Homeland, and Liberty – Santiago de los Caballeros, February 16th 1865 — #9 — Department of Foreign Relations – Honorable General: The undersigned Cabinet Secretary of the Foreign Relations Office has the honor of informing you on behalf of the Head Governmental Committee and the office of the Senior War Minister, of the Committee's resolution. The document reads as follows:

Based on the summary provided by the Military Command of this plaza, pursuant to the investigation into the violent death of the distinguished General José Antonio Salcedo, which occurred in Puerto Plata in early November of last year, General Candelario Oquendo, ex-member of the provisional government and currently out of the country, appears to have been involved.

I request the Head Governmental Committee to summon General Oquendo to appear before a judge as soon as possible in order to respond to the charges against him. —Signed—Secretary of War Pedro G. Martinez"— "Note to the Head Governmental Committee: Be so good as to forward this order to the Ministry of Foreign Relations, so as to summon General Oquendo, who is accused of being involved in the aforementioned crime. The Ministry is also to inform him that he has been relieved of all the powers he held as Minister Plenipotentiary of this Republic.—Santiago, February 15th of 1865.—(signed) the president. – Benigno F. de Rojas. – Minister of Police.—Vicente Morel.

Since the Head Governmental Committee has revoked the powers formerly granted to General Oquendo Jr., his responsibilities will fall to you –

---

21   22nd year of the Independence and 3rd of the restoration

God and Liberty. – Secretary of State of the Department of Foreign Relations.— T.S Heneken. – General Juan Pablo Duarte, Minister Plenipotentiary of the Republic. – Caracas."

In reply to the above, on March 22nd I responded to the Ministry as follows: "In the second letter I am ordered to assume the powers formerly granted to General Candelario Oquendo Jr. by the previous government and notify him with a copy of the order, which I will do as soon as I learn of his whereabouts, since he (as I had mentioned in my previous letter) departed on March 8th and I have not seen nor heard from him since."

I have the honor, General, since I know that you are currently in that port, to transcribe and forward you this information apprising you as to the government and the measures it has currently adopted. —God and Liberty, — To General Candelario Oquendo Jr. — In Guaira.[22]

AP

---

22   Candelario Oquendo was, rightly or wrongly, implicated in the death of Salcedo since he was very close to Gaspar Polanco; after all, he was Polanco's secretary.

Letter from Duarte to Félix María Delmonte, in which he comments on the life of the patriot devoted exclusively to the affairs of his country, May 2, 1865

Letter from Exile

Draft of a letter by the father of the nation to Félix María Delmonte

Caracas, May 2nd 1865

Don Félix María Delmonte,
Puerto Rico.

My dear friend: your very welcome letter, dated April 11, finds itself in my possession, and I'll begin mine by responding to the end of yours. You're right to advise me, as you do, telling me: Protect your health, your mind, and your heart. Once again, you are very right because it has never been as necessary to have health, heart and a sound mind as it is today, when men with devious minds and bad hearts conspire against the health and stability of the motherland. They afflict the heart of the good and aspire to drive the nation mad, with their treacherous and liberty-killing plans, so that this man may destroy its most loyal servants, and they, the scoundrels! may wallow in the blood of the victims and take joy in the misfortune of the homeland. I'll make sure to protect my health, I will protect my heart and my mind, yes, my good friend, just the way my friends advise, just the way that virtue requires, just the way I want it, because I think God will have to give me plenty of strength to not sink into my grave without leaving my homeland free, independent and triumphant.

You say everything is *providential*; there are words that, because of the ideas they convey, call our attention and attract our affections toward the fellows who speak them. You are a providentialist, if I'm not mistaken, and I will explain the logic behind my reasoning. The truth is, I would be sorry if you weren't, because I care for you, and providentialists are the people who will save the Dominican Republic from the hell she has been sentenced to by the atheists, cosmopolites, and orcopolites (There goes that new expression that means "citizens of hell"). Let's talk about the coincidences between the following dates. One July 16 the Hejira began for the enemies of the cross; on July 16 the son of the crescent moon was defeated in Lepanto[23]; on another July 16 (1838), a conspiracy was uncovered, there where you currently are, that should have taken place on the 25th, and that, had it done so, would have saved the young Sterling from the unjust and violent death that the cruel López Baños[24] had sentenced him to. And who would have told our doomed compatriot that on that same day (July 16), and same year, perhaps at the same time, in his motherland the revolution, under the sacred motto of *God, Motherland and Liberty, Dominican Republic* was beginning, and that it aimed to put an end to the Boyer administration, overthrow Riviére and later on avenge him on his unjust executioners. Everything is providential, and crime will not be forgotten or go unpunished. On July 12, 1843 Riviére entered Santo Domingo and the leading citizens were imprisoned or chased out of the country for wanting to save their motherland, and on July 12th of the following year the orcopolite *Santana* (59) came, and the patriots were either jailed or sent into perpetual exile for having saved their motherland and refusing to sell it to a foreign power. On February 27 (44) a loyal son saves his mother, in spite of the ungrateful son, and

---

23 The original says Lepanto, but is undoubtedly referring to the battle of Las Navas, mentioned by Dr. Alcides García in his work "Duarte y la Cruz" (Duarte and the Cross), published in the April 28 1929 edition of the *Listín Diario* as well as in his *Duarte and other topics*. A section of this letter appears in this article, and with regard to this passage notes that: "on July 16th Muhammad's followers were defeated in Las Navas".

24 The events of 1838 in Puerto Rico, which Duarte alludes to, are explained by Miller in *Historia de Puerto Rico* (History of Puerto Rico), pages 265-266, as follows: "But submission to the absolutist system was not absolute. The regiment of Granada resented the crimes that General de la Torre had accused it of. In 1838, while Miguel López de Baños was governor, a conspiracy was exposed, in which several sergeants, corporals and soldiers of the regiment, the military captains Vizcarrondo and Andino, and the countrymen Juan and Andrés Vizcarrondo and Buenaventura Quiñones, member of a long-standing and distinguished family from San Germán, were named as accomplices.

They were charged with planning to incite the country to rebel and proclaim the constitution of Cádiz of 1812. After news of the conspiracy got out, Juan and Andrés Vizcarrondo managed to escape to Venezuela. Buenaventura Quiñones was arrested and taken to *Castillo de San Felipe del Morro* (The Castle of St. Phillip of Morro). One morning he was found in his cell strangled with a handkerchief and the ropes from his hammock. The death of the unlucky Quiñones produced general consternation. Whether someone strangled him or he committed suicide has never been ascertained.

The Military captains Andino and Vizcarrondo were acquitted. The sergeants Salinas and Santillana gave their lives for their love of Cadiz's constitution; Juan and Andrés Vizcarrondo, refugees in Venezuela were sentenced to death; and the other sergeants, corporals and soldiers were sentenced to hard labor. Granada's regiment was dissolved by order of the Secretary of War".

As you see, three deaths occurred: that of Quiñones, Salinas and Santillana. The Sterling mentioned by Duarte does not appear.

on February 27 of the following year the infamous matricide drags virtue, and innocence itself, to the gallows as if he wanted to punish the Dominican's audacity for having proclaimed independence. On March 19 the cross triumphed and the Iscariots (Bad Dominicans), scribes and hypocrites proclaimed *Satana* as triumphant, and on the following March 19 *Satan*[25] and the Iscariots thrust out and banished an honorable and virtuous family simply because that family consisted of children worthy and deserving of the motherland, an unforgivable crime in Iscariot's eyes. This poor family arrives at Guaira, the place of their banishment, on March 25, 1845, and on March 25, 1864 General Juan Pablo Duarte lands ashore in Montecristi without hate or vengeance in his heart…

What more do you want from the patriot? Death far away from his homeland, he who thought only of rescuing her, along with his relatives, friends, comrades, and compatriots who are not so vile as to kneel and worship the satanic power that has been in control for more than twenty years, a power that usurps and reaps the benefits of the honor, the life, the properties, of the best workers from that heroic land that deserves better, even in suffering? Ah but no, no, because it is written that "Blessed are those who hunger and thirst for justice, for they shall be filled." And every great Dominican has been craving justice for a long time, and even if the world denies it, God, who is the greatest good, will know how to grant it without much delay. There are those who had ears to hear but didn't hear, those who had eyes to see but didn't see… the enduring nature of our goal! But now they will hear and see what they never wanted to see or hear. I beg you, for your children and for their mother, do not let my words fall on deaf ears, because more than one sufferer cries out after the misfortune of having heard and not listened, and more than one victim has sunk to the grave because of it. Do you have friends? (that is, if you have any left after being exiled). Prepare them, because the days come closer; make sure that they stay focused, because the moment to return will come, the great moment of God's judgment, and the providentialist shall not be vengeful, but just.

---

25   The Duartes toyed with the surname *Santana*, writing *Satanan, Satanan* (with a sharp stress on the last syllable), until finally turning it into *Satanás*. (Translator's note: for the purpose of the translation I did Santana, Satana, and Satan.)

The enemies of the Dominican Republic, therefore ours, all agree on these ideas: to destroy our nationality, even if they have to annihilate the entire nation and lock the doors to our homeland to do so, since we are nothing but self-seeking men who only liberated our country because of ambition, and didn't have the wits to make foreign riches ours. Meanwhile, they are considered the honorable and righteous ones who have shown the ability to do it all, even appealing to foreign power, which is a clear sign of how dearly beloved they will be for the justice with which they have acted, and will continue to act, toward God and the Motherland and the liberty of Dominicans. What our countrymen disagree on is in the leader they wish to impose on the people, since you say (and it is true) that Benigno Rojas is nothing but a Yankee, and Báez is only a Haitian-Gallo-Spaniard, and Lavastida and Alfaus and Manueles (?) are Yankees. Báez supposedly says that Bobadilla is Pandora, Melitón is everything, except Dominican, José Portes says that Melitón finds himself in Saint Thomas as a senator, and that, so that he will shut his mouth at the time of the Annexation, Santana gave him a house. Poor motherland! If these are the consultants, what will they consult about? This situation, even if it does not appear to be so, is violent, and the ending is not going to be either peaceful or natural, as the fools in this comedy who split the roles among themselves expect. There are even those who have two or even three roles, just in case, in the name of precaution. And while the villain boasts and provokes him, what should the hero do? Stand still? Then History will forever consider us traitors, yes us, I repeat, the men of the Philanthropic Society. Félix, other than in death tranquility is no longer an option for us, because our love for the motherland moved us to accept sacred commitments to future generations, and it is necessary for us to honor them. If we do not, we must not hope that history will regard us as men of honor, free, faithful and steadfast men.

But now this letter is too long and I have to close it without having told you anything of what I originally intended. My family sends greetings to Encarnación[26] and is grateful for her regards and hope that they stay healthy and always Dominican. Warmest regards to the little ones; in your response please tell me how many you have, their names, and their

---

26   Encarnación Echavarría, poet, daughter of the distinguished Mariano Echavarría Heredia and Manuela Villaseca Y Núñez de Cáceres, married Félix María Delmonte in 1845. The "Little ones" are: Tomás María, who must have been about 19 years old at the time this letter was written. In Baní he married Casilda Andújar Pimentel, and his children are Dolores Emilia, born in 1855; María Mercedes, born in Puerto Rico in 1859, who is still alive today.

ages. Greetings on my behalf to Encarnación. Give a grand hug to Juan Evangelista Soler, my good friend, and as for you, write and work hard. I meant to say we shall work, for the homeland, since that means essentially working for our families. Yes, dear friend, we will work and work without rest, there is no need to lose faith in God, in the righteousness of our cause and in our strength, as otherwise we will condemn ourselves as cowards to living without a homeland, which is the same as living without honor. Let us use time wisely, and remember you can always count on the unwavering friendship of your comrade Gen J.P.D.[27]

AP

---

27   At the bottom of this document there was a note by Rosa Duarte, which read: At 11am on July 6, 1838, the first revolution was born under the sacred motto of "God, Homeland and Liberty, Dominican Republic". 38 years later, 1876, at approximately 11 am, July 6, it died.

SELECTED POEMS BY JUAN PABLO DUARTE

Ballad

Dark and silent was the night,
still, and filled with infamy
for those who dwelt where the river—
the Ozama—meets the sea.

A night full of shame and sorrow
for the motherland so dear;
the memory is enough
to weigh down the heart with tears.

Eight they were, unhappy men
thrust forth by a wicked hand,
doomed to follow their companions
exiled to a foreign land.

They who in the name of God,
Home and Liberty conspired,
they who to their land had given
the freedom it so desired,

cast out from the soil whose future
they had struggled to secure:
yes, exiled by traitors, they
whose fidelity was sure.

Others watched as they climbed down
the still riverside, and there
said their farewells, seaward-bound;
their voices grew thin and spare,
and I strained to hear the sound
as it trailed off in the air.

RPE

The Exile's Portfolio

How long, how paved with dismay,
weariness and discontent
is the path where God has sent
the poor exile on his way.

Lost in the world without light,
seeking the mercy of strangers,
he wanders amid the dangers
of horizons black with night.

How painful to watch him go,
uncomplaining, set apart,
knowing that there in his heart
is the mansion built by woe,

Leave the land where kinsmen dwell—
where his childhood memories bind him—
and go where no friend will find him
to whom he can bid farewell.

For when thunderheads grow dark
and hope wavers as they form,
then friendship, caught in the storm,
goes down in its broken bark.

To wander, ceaselessly wander,
longing in vain for the close
of the route destiny chose,
and grief that awaits him yonder.

To remember all, and then
find nothing he loves to turn to,
no matter how he may yearn to
ask it, "Remember when...?"

To land on an alien shore
without a dream or a story,
without a future, or glory,
or flag, or familiar lore.

RPE

Anthem

For the Cross, for our land and its glory,
bravely on, to the field: war's begun.
If defeat be the end of our story,
at least martyrdom's prize shall be won.

The unworthy man is unwilling
to defend his homeland with his breath;
for the virtuous, the honor's fulfilling
when they risk, for their country, their death.

The slave will endure the sad lot—
shame and sorrow—that lets him live on;
but the free, good and brave man will not,
choosing death when his freedom is gone.

May it rouse up the wretched, inspire
each dishonored and nationless slave,
that the true man of valor's desire
is to set free the land he must save.

Our survivors, good patriots, will see
to the burial and graves of their brothers;
we, the fallen in battle, will be—
thanks to them—well respected by others.

Those survivors will say to their young,
"Children, they died on this ground
for our sake," and our names will be sung
until multiple echoes resound.

Those survivors will strive, in their zeal,
that our glorious deeds be well told,
that the courage past brave men reveal
may inspire the young to be bold.

The survivors of those who proved true
will follow where patriots led,
and their soldierly vengeance outdo
what was done where their brothers once bled.

(continue next page)

Bind our land to *the Lion of Spain*?
Judas tried, but it was not to be:
God inspired her to burst every chain
Spain imposed, and then rendered her free.

Forward march, loyal patriot, to fall
or succeed in the cause you hold high.
Only cowards can doubt this at all:
with no homeland, far better to die.

RPE

Entreaty

If your eyes regarded me
with love, they'd end my sorrows now,
lifting the rough crown from my brow
whose thorns wound me so grievously.

You would give back to my breast
the peace on which it once relied,
but which my soul is now denied,
by harsh misfortune dispossessed.

Lady, be kind, I beg of you;
do not rejoice in my despair;
seeing how tenderly I care,
do not, like fate, be cruel too.

Let not my love kneel down in vain
before you, as your beauty flies me:
for pity, say you don't despise me
or look upon me with disdain.

For my devotion is so great
that though in vain I suffer for you,
I am committed to adore you,
despite your cruelty, and my fate!

RPE

Despair

Gone are the days
Of peace and amity,
Of love and hope,
Of genuine loyalty.

Gone is the glory,
The beauty and glitter:
Only memories now,
And those taste bitter.

Memories that dim,
In the soul of the lover,
The brightness of the sun
Now clouded over.

What a drear fate—
Somber and stark,
Implacable, stony—
That spreads the dark.

The lover and friend,
Noble and sure,
Throughout remained
Loyal, pure.

Traitors impugned his faith
With slanders vile,
Then mocked his thirst
With vinegar and bile.

Against such evil
And justice denied,
In vain he pleaded,
In vain he cried.

The world has not heeded
His honest word;
The voice of his grief
Has gone unheard.

Therefore is his brow
Raised, calm, as he wills it,
Though his soul brims
As black sorrow fills it.

Though mortally wounded
His breast, though dying,
He utters no complaint,
No painful sighing.

And you, sad night, who hear
What he has spoken,
Who know so well his soul
Tormented, broken,

See that from the world
His grief you hide:
Tell none that you have seen him
When he cried.

Let her who was his treasure
Not learn that he
Regrets, as she does not,
What she came to be;

Rather, let her believe—
The faithless and unkind—
That he lives on in joy
Peaceful and unconfined.

Let them be happy, but
One day come to weep,
Regret their treachery
So dark and deep,

And then, perhaps, she may
At last appreciate
His love, that was so pure...
But oh, too late!

RPE

Untitled: "And you…"

And you, meanwhile,
must keep inside
from one and all
the grief I hide:

for when I speak
my discontent,
for you alone the sight of
my rueful star is meant.

Hide in your shade
my wretched being,
guard in your breast
my bitter saying.

For if my cries should make the wind resound,
how would that cure me?
Since in the ceaseless windstorms that unmoor me,
whose anger compasses me 'round,

my voice is drowned.
Do you not hear that thunder from the sky?
Whenever heaven hears my voice, at once
it rages from on high.

And so to silence all my griefs I give,
and in your shadow only pray to live.
No longer is there for my soul
respite to keep it whole,

nor for my desperation
is there hope of human consolation.
No end, none, to the sorrows that betide me:
even to speak my heart's woe is denied me.

RPE

Translator's Comments on poem: Untitled: "And you"

What a strange poem this is! It begins in mid-thought, with an "And," and addresses a "you" who is never identified, as if the poem's opening lines had been lost or discarded. Maybe that's the case, and what we have here is a fragment. But fragment or not, it works, because it invites the reader to ask questions: Who is the "you" to whom the poet speaks? Why does the poet ask that mysterious confidante to keep his sorrows a secret? Why is the poet so bitterly unhappy, why does he believe that heaven is angry with him, and why is he so sure that there is no hope of human consolation for him?

Some of the mystery this poem presents to the reader is encapsulated in one word in the seventh line of the Spanish original: "sola," which is the feminine form of the adjective meaning "alone." It is the only word in the poem that indicates that the "you" being addressed is a woman, and much else in the poem suggests, instead, that the poet is asking God (conventionally addressed as masculine) to keep his secret, not a human being of either sex. Is that "sola" a typographical error that should have been "solo," meaning "only"? This is an example of the kind of ambivalence that sometimes leaves the translator—and the reader—baffled. I thought of switching the word to "solo," but decided, instead, to leave the possible error and its resulting ambivalence right where it is, and let the bilingual reader have fun with the challenge it presents. In my English translation, of course, there is no problem, since "only" is the same word whether it's applied to a male or female.

Duarte was not the only poet among the fighting Dominican revolutionaries who called themselves the Trinitarians. In fact, it was common for educated young men in the mid-nineteenth century in Latin America to write poetry, and to pour into their poems their deepest and most intimate emotions, in the kind of powerful, evocative language and compelling imagery to be found in this "Untitled," and in the other poems included here.

On the other hand, the young men who, in the eighteenth century, liberated the British colonies of the northern hemisphere and created the United States of America were more likely to write polished, measured prose than passionate poetry. At most, some of them composed fiery speeches and pamphlets like those by Patrick Henry. The cultural differences between those two groups of enterprising, courageous and idealistic young men are interesting to think about; but then, so are their similarities.

Rhina P. Espaillat

The Creole

His prisons are packed
with blameless innocents;
there are others he's wracked
with secret punishments,
and some he's exiled far
from where their lives began:
there, wretched as they are,
they curse this evil man.

His rage devours the good
honest men he has harmed;
he wallows in the blood
of soldiers now disarmed.

That blood, dishonored, spurned,
has come down from *El Cid:*
in battle may he learn
one day, the wrong he did!
Merciless, inhuman,
toward all his hate runs wild:
the chaste and aged woman,
the harmless little child,
the old man and the young girl—
all innocent—in vain
seek pity from this churl,
this vandal sent by Spain.

O human right we crave,
just how do we offend you?
Instead, we are the brave
who honor and commend you.
Why has this tyrant rent
the fabric of your laws?
Because he has been sent
by kings, to press their cause.

Once glory was the treasure
that Spain set out to seek.
But now her goal is measured
in rubbish piles that reek
of villainy and spite;
her honors have all gone
to filthy snakes, in sight
of two worlds looking on.
And oh! if Benavente
came thundering again
to Spain, and were presented
to its new leaders, then
"What is this?" he would say,
"are there no more Castilians
in Spain? Gypsies, away!
Away, you Bourbon villains!"

Benavente's gone, though,
and there is no more Spain:
her scepter is no more: no,
it's turned to sugar cane,
as strange, vain and unreal
as all that Bourbon herd.
Santana is her seal,
treason her guiding word.
To call for retribution,
seek justice, put an end
to endless executions,
find injustices to mend,
let us onward to the field,
beloved friends: march on;
let our homeland be healed
and let these plagues be gone.

Take up arms, without fear,
loyal creoles, home-born;
march on, persevere,
greeting danger with scorn:
let us press on together
to win our liberation
from this false beast, step-father
of the Dominican nation.

(continue next page)

Whether fair, black or dun,
copper-skinned or mixed,
march on bravely as one,
toward one goal firmly fixed.
Tyrants threaten our land:
save her now, lest she fall.
Let the world know our band
fights as one, brothers all.

RPE

Untitled: "I am a Templar…"

"I am a Templar," yes, you must repeat it
Up there where you are piercing the sky with your glance,
You who drink from the cup of insult,
Giving sublime proof of your constancy.
I am a Templar, as we must repeat,
We who carry honor in our hearts,
We who are proud of our freedom,
Who swear to ensure the liberty of our nation,
And while, on the mountain top,
The July sun gleams, impeccably beautiful,
And the February sun turns its first spark
Into an unquenchable fire,
Sing, joyful sirens
On the banks of the Ozama River,
That its waters are no longer chained,
No longer stained.
Do not heed the songs
That are the stillbirths of my fantasy,
Nor the black sorrows
That tear through my soul:
Sing, sirens, sing,
Sing a song in my name,
To announce the freedom
Of the land where I was born.

NS

Translator's Comment on poem Untitled: "I am a Templar…"

People born in the Dominican Republic are the product of a violent colonial transaction that is deeply rooted in Roman Catholicism. English Puritans in the United States and Spanish Conquistadors throughout Latin America justified colonial rule through their interpretation or misinterpretation of Christianity. Non-Christians today – including atheists – who live in the Americas have been impacted by that colonial transaction. Juan Pablo Duarte is no different from any other person born in the Americas once Europeans began the process of colonization.

Juan Pablo Duarte breathed freedom. His desire was to live in a sovereign nation where freedom was a reality. Duarte was also the product of the religiosity that derived from colonization. Due to Duarte's opposition to servitude, some Dominicans virtually canonized him as the second coming of Jesus, due to his commitment to freedom, as exemplified in the controversial work, *El Cristo de la libertad: vida de Juan Pablo Duarte* (Christ of Liberty: Life of Juan Pablo Duarte) by Joaquín Balaguer. One of my goals is to establish that Duarte was indeed a very religious man who simultaneously advocated violence in order to accomplish his ultimate goal of freedom; a contradictory blend at first glance, however not so contradictory after all, given that Christianity has traditionally been at the forefront of religious wars.

This is a beautifully crafted poem in which Duarte's love for the eventual Dominican Republic becomes clear through the lens of his Christian formation. He equated the Dominican Republic to the Holy Land during the Crusades. To Duarte, Santana and his followers were like the Muslims when they took over the Holy Land, while those who fought alongside Duarte were devout Christians fighting to free their land from tyrannical rule. His over-the-top language makes the poem more powerful.

Nelson Santana

Plainsong

Let us raise up a hymn of loyalty,
those of us who are loyal to the core,
those who may proudly boast that we are free,
and to protect our country's freedom swore.

May this our holy hymn please the Lord's ears,
comfort the martyr like a dream of heaven,
relieve our patriot souls and dry our tears,
but keep Iscariot tossing, nightmare-driven.

RPE

Verses

She is like the mountain rose,
Quisqueya's most candid bloom,
pure, life-nurturing, with room
only for the good she knows.

Rose, and Cross, and lastly, Star
before God in all His might,
with which The Light casts a light
on Quisqueya from afar.

RPE

Santana

Hincha, your soil is dreadful:
Nothing pure and good ever grew.
Only egregious connivers
Who will surely bring death to you.

And you, Prado, who have sheltered
that monstrous growth, may your land
find itself buried under salt
by a righteous, upholding hand.

AP

Untitled: "I meant, impiously…"

I meant, impiously, to sing my wrong,
But the Muse, angry, thwarted my intent;
I meant to sing, but in my throat the song,
Robbed of its power, dwindled to lament.

I struggled once again, but from the start
The plectrum broke in pieces, like the lyre;
So, like a deadly nightmare, in my heart
A soundless music rages with desire,

Soundless and frozen as the grave where you,
My old beloved friend, will lie at rest,
Where I consign these ashes that I strew:
The only treasure that I still possessed.

"I am a Templar," so in other days
You said, Jacinto, "of our native soil."
And the heart burned within, a sacred blaze
In which the soul—Ozama's waters—boil.

Those were the words that Thomas heard, and swore,
Gladly, to seize the prize: be first to yield
His life, like a true Templar, in the war
In which our sacred cause must take the field.

Thomas, soul of heroic abnegation,
Valor and patriotic self-command,
Thomas, the very symbol of my nation,
Glory and pride of my beloved land.

Where is my tender childhood's earliest friend,
My old companion, bravest of us all?
My voice scours his old home from end to end,
But only echoes answer my sad call!

RPE

Sorrows of the Night

Sad is the night, very sad,
for the poor sailor who faces,
in the deep's most stormy spaces,
the rough assaults of the sea.

Sad is the night, very sad,
for the wanderer in the dark
on a strange road, where no mark
leads him where he meant to be.

Sad is the night, very sad,
for the beggar with no bread—
and perhaps no shelter—led
to condemn society.

Sad is the night, very sad,
for the patriot—loyal, true—
suffering what traitors do
who are moved by perfidy.

....

As for the exile, his lot
never seems to change, and teems
with hardships; indeed, he seems
the man even death forgot.

He sees how night, drawing near
what wretched shelter he has,
exiles what faint light there was
until all things disappear.

....

He sees how night everywhere
spreads the blackness of its shawl,
further darkening the pall
of the soul's profound despair.

Which follows him where it will,
and all that is or has been
follows in his shade, dressed in
a color much sadder still.

....

The heart watches, full of grief,
as night approaches, austere,
rigorous, sleepless, severe,
a sorrow without relief.

RPE

Poem by Duarte in Posthumous Homage to Marcelino Muñoz

As swift as lightning in the dark of night
are all those days we call "happy" on earth;
except for virtue, not one thing is worth
anything to the sage who judges right.

Let that be said; but, Oh! the august shade
over whose days the tomb has closed forever,
whom our lips call from where he has been laid,
but call in vain, for he will answer never.

Model of virtue, all in honor dressed,
he whom the faithless world claimed as its own:
but Heaven answered, in its merciless
voice: "No, Marcelino's mine alone."

He heard that call, and then, with steadfast mien
and no complaint, pious and calm as ever,
bade us farewell; he left, with brow serene,
who was the strength of the Apure River.

Honest, true, devoted brother,
no, it's not a dream or lie:
you have left us. We stand by,
suffering and without shelter.

Cruel death, merciless sky,
you have robbed us of our best,
our dearest hope in distress,
our consolation and pride.

When the maiden looks about,
searching for a knight in armor,
who but Marcelo will rout,
bravely, those who would harm her?

When in lonely misery
the poor beggar trembles, now
that Marcelo's in the ground,
who will urge him, "Come with me"?

(continue next page)

And when fierce illness
badgers the sad orphan,
if Marcelo no longer exists,
who will wipe off his tears?

And when the poor foreigner
finds himself sick and helpless,
who, tender as he,
will give him his bread and hearth wholeheartedly?

When his beloved Acháguas
attracts ignorant tyrants
to issue insane decrees,
who will serve as her shelter?

When the evil spirit
tries to curtail
the free flight of Gutenberg's
sublime invention, tell me,

let the cruel heavens say,
who shall imitate your voice,
which calls free men to rejoice
and to tyrants brings dismay?

When those dark days come along
on which citizens may yearn
to be inhuman in turn,
who shall say, "You have done wrong"?

When the tyrant wields command
in Achaguás, mad for power
to spread havoc, in that hour
who will tell him, "Here I stand"?

Who? O God omnipotent,
pardon: I have erred, I fear;
well I know that you are here,
and in all the firmament.

(continue next page)

Forgive me, Lord, forgive me
if I dared argue with you
with my worldly speech
and with my profane lips.

I have erred, my God, I confess;
and even though my pain is deep,
you afflict me with sorrow:
I sinned, my Lord, I sinned.

A poor man, an errant, a pilgrim,
I saw the deserted world,
and complained of my destiny
as I saw myself dead in life.

I was in disbelief,
and in my awful confusion,
forgive me, my God, for you know
how blind I was to reason.

Into my life, I know, by you,
that more-than-human being was sent,
and all his words spoke your intent,
though his the lips you spoke them through.

He charmed me for that reason solely:
because his voice, in speaking, had
a tenderness that made me glad,
like your own songs, gentle and holy.

My Lord and God, see and believe
how fully I deserve your pity,
and how much cause I have to grieve.

Yet, though I know your love is great
and your forgiveness great as well,
here before you, who know I fell,
how clear I see my sinful state!

(continue next page)

So clear that in well-founded fear
I have no courage left to say
what boon it is for which I pray
bowed at your feet and kneeling here.

Nevertheless, please listen to the prayer
of an entire people bowed before you
who count on your great goodness, and implore you:
take dear Marcelo's soul into your care.

A collaborative translation by: RPE, lines 1-16, 49-64, 81-103;
AP, lines 17-32; NS, lines 33-48; MA, lines 65-80.

Some Data on Marcelino Muñoz, Subject of the Poem by Duarte in Posthumous Homage to Marcelino Muñoz

Marcelino Muñoz was a close friend and protector of Juan Pablo Duarte during the latter's second exile in Venezuela, between 1852 and 1862. A beloved public figure in the city of Acháguas, in Apure, a remote interior area of Venezuela, Muñoz was a benefactor to many, and the founder of a cultural, political and philosophical group of young liberals, including Masons, revolutionaries and foreign exiles like Duarte.

Such people were attracted to Acháguas by its distance from the political center, the city of Caracas, during a time of factional upheavals. It provided them the opportunity to meet, in relative safety, with like-minded seekers of change.

When Muñoz died, Duarte, who had a reputation for skillful oratory, was invited to compose and pronounce this memorial poem. It was included in a pamphlet published in Apure in 1856, and constitutes evidence of the presence of Juan Pablo Duarte in the city, as a member of the "Sociedad Joven Acháguas," or "Society of Young Acháguas" founded and led by Muñoz.

(La prudencia como virtud: Juan Pablo Duarte en el Amazonas y el Apure; Lic. Juan Carlos Reyes, Historiador Venezolano)

Rhina P. Espaillat

Duarte in the Americas

People who trace their ancestry back to what today is known as the Dominican Republic have been migrating to the United States since as early as 1613 when Juan Rodríguez arrived in the territory known today as New York. Rodríguez is credited in history books as being the first in many facets of New York's history: first immigrant, first non-native resident, first merchant, among many other things (Stevens-Acevedo, Weterings and Álvarez Francés, 2).[28] Two centuries after Rodríguez's arrival, on January 26, 1813, Juan Pablo Duarte was born. Historians have written or spoken about Duarte's travel in the 19th century to the United States when he was a boy, and his death in Venezuela on July 15, 1876, – due to his exile by Pedro Santana – is well documented. Within the Americas, Duarte's life spanned a Caribbean island and two continents, making him a true American.

Similar to Dominicans who have immigrated to the United States, Duarte – revered as the father of Dominican intellectual freedom – too migrated along with other fellow Dominicans, both literally and figuratively. Duarte was an intellectual who fought against the oppression of all peoples, thus condemning slavery and advocating for the human rights of all those who found themselves in the Dominican Republic.

In the 20th and 21st centuries, Dominican migrants honored and continue to honor their intellectual hero by cementing his legacy in the United States. Several Dominican organizations have been named in Duarte's memory including Hijos de Duarte and Club Cívico y Cultural Juan Pablo Duarte, known today as Instituto Duartiano de Estados Unidos. Among the achievements of the Club Cívico y Cultural Juan Pablo Duarte was the unveiling of a statue on Canal Street and the Avenue of the Americas on the 165th anniversary of Duarte's birth in 1978. Prior to the naming of "Juan Rodríguez Way" along New York's Broadway in 2013, a bill was signed by New York's mayor to incorporate the name "Juan Pablo Duarte Boulevard" to Saint Nicholas Avenue in 2000. In addition to organizations, streets, and statues; schools, parks, and other monuments – including the Juan Pablo Duarte-José Martí

---

28 Stevens-Acevedo, Anthony, Tom Weterings and Leonor Álvarez Francés. *Juan Rodríguez and the Beginnings of New York City*. New York: CUNY Dominican Studies Institute, 2013.

School Number 28 in Elizabeth, New Jersey, and Juan Pablo Duarte Park in Miami, Florida – have been built to honor the legacy of this father of Dominican Independence. Duarte will probably never cease to exist in the collective consciousness of Dominicans, whether they speak English or Spanish or both, since the name Juan Pablo Duarte is synonymous with both Dominican intellectuality and Dominican identity.

Nelson Santana

LESSON PLANS

Introduction to the Lesson Plans

In her introduction, Rhina P. Espaillat reminded us that Juan Pablo Duarte embraced all races and peoples in the name of his homeland. In his essay, Nelson Santana noted that Duarte's influence is seen and felt throughout the Americas, even in the streets of New York City. Now, in the following lesson plans, we hope to share Duarte's influence more deeply and directly—with secondary students in language and history classes.

Each lesson plan is designed to stand alone or to be easily incorporated into an academic unit. Duarte's life and work is relevant to both U.S. and global history, as well as English and Spanish language study.

We hope these plans will be useful to teachers from Washington Heights to Santo Domingo and far beyond.

Martin Toomajian

Proyecto de Ley Fundamental and the U.S. Constitution

Objective: Students will be able to analyze Juan Pablo Duarte's "Proyecto de Ley Fundamental," comparing it to the U.S. Constitution.

This lesson is designed for a high school U.S. history or government course. It can be used to supplement lessons about the U.S. Constitution. Questions can also be adapted to allow for comparisons to the current Dominican Constitution.

Teacher Background: Juan Pablo Duarte wrote the "Proyecto de Ley Fundamental," a draft of a Constitution for the Dominican Republic, in the months following the Dominican Republic's 1844 declaration of independence. Although he was in exile, many of Duarte's principles were included in the first Dominican constitution. However, this draft, which was never completed, is better examined as an example of Duarte's political philosophy, suitable for comparison to current constitutions.

Procedure:

1. Ask students what they already know about the Constitution:
   - What is the purpose of the Constitution?
   - What are the components of the Constitution?
   - What main ideas are linked to the Constitution?
2. Explain that different constitutions around the world deal with the challenges of governing in different ways. Distribute copies of the "Proyecto de Ley Fundamental" to each student.
3. Allow students to skim the document independently, noting initial observations and questions. Encourage students to examine the document as a primary source, noting the title, author, and date of publication, if possible, along with the purpose of the document.
4. Explain the background of this document. Remind students that the document is an incomplete draft, so it includes some typographical errors and references to other articles that were never written.
5. Divide students into small groups. Assign each group a constitutional theme from the following list: separation of powers, federalism, citizenship, religion and the state, rule of law. Distribute a list of questions to each group (see lists below). Each group should complete the list of questions and should also complete a Venn diagram on chart paper to demonstrate the comparisons between Duarte's "Proyecto de Ley Fundamental" and the Constitution.
6. At the end of group work, each group should share its analysis with the full class.

7. Assessment: For homework, students should write a brief essay in response to the prompt: Compare and contrast Duarte's Proyecto de Ley Fundamental with the U.S. Constitution.

Extension: The teacher may lead a discussion on the following topics:
- In Article 6, Duarte emphasizes, "The Supreme Law of the Dominican People is and will always be its political existence as a nation free and independent of all domination, protectorates, intervention and foreign influence, as it was conceived by the founders of our political association." Why do you think Duarte places such emphasis on being free of foreign powers?
- Article 15 states, "The law is that which gives the ruler the right to govern and imposes on the governed the obligation to obey; consequently, all authority not constituted in conformity with the law is illegitimate and therefore has no right to govern, nor is anyone obligated to obey such an authority." Why do you think Duarte included this article in his draft? Is it wise to include such language in a framework of law?

Questions on Constitutional Themes

Separation of powers
1. Does the Proyecto de Ley Fundamental include three branches of government? Give evidence.
2. What are the similarities and differences between this plan and the U.S. Constitution?

Federalism
1. Does the Proyecto de Ley Fundamental include the principle of federalism? Give evidence.
2. How would the Dominican Republic be governed under this plan?
3. What are the similarities and differences between this plan and the U.S. Constitution?

Citizenship
1. How are people eligible for Dominican citizenship under this plan? Give evidence.
2. Does this differ from the U.S. Constitution? If so, how?

Religion and the State
1. How are the government and the church linked according to this plan? Give evidence.
2. How does this differ from the U.S. Constitution?

Juan Pablo Duarte as Exile

SWBAT analyze Juan Pablo Duarte's exile poetry.

This lesson is designed for a middle school or high school English or humanities class.

Teacher Background: Though he played a crucial role in the Dominican independence movement, Juan Pablo Duarte spent most of his life exiled from his home country. In 1843, the Haitian government recognized Duarte as a leader of the insurgent Trinitaria society and forced him to leave the country. Duarte returned victoriously when the Dominican Republic declared its independence. But, in the ensuing power struggle, Duarte's rival Pedro Santana became the Dominican leader. Santana forced Duarte and his entire family into exile in Venezuela, where Duarte would remain for most of his life. The poetry included in this plan was written while Duarte was in exile and reflects his longing for the homeland he has lost.

Procedure:
1. Motivation: Ask students: "If you were forced to move from the home where you were born, how would you feel? What would you miss most? What would you long for?" Allow students who have relocated to share their personal experiences.
2. Explain the historical context of Duarte's exile poetry. Emphasize that Duarte was exiled for his political beliefs and longed to return to his home.
3. Distribute copies of "Sorrows of the Night" to all students.
4. Using a projector or chart paper, lead the class in annotating the poem. Make specific annotations to note the following features of the poem: metaphor, rhyme scheme, repetition, word choice.
5. Discuss the responses with the class.
   - What words does Duarte repeat? What mood does this convey?
   - Why does Duarte use the image of night repeatedly?
   - Why does Duarte choose to describe a sailor, a wanderer, a beggar, and a patriot? What do they have in common? What does each character add to the meaning of the poem?
   - What insight does this poem give the reader into Duarte's thoughts and conditions while in exile?

6. Explain that this is one of many poems that Duarte wrote about his exile, each of which emphasizes different themes. Students will now have the chance to analyze another of Duarte's poems in pairs.
7. Divide the class in half. To half the class, give copies of "The Exile's Portfolio;" to the other, give copies of "Romance."
8. Direct students to work in pairs to read and annotate their assigned poem.
9. Assessment: Direct students to answer the following questions: Compare and contrast the two poems by Duarte that you read. How are the poems similar and different? What literary elements does Duarte use in each poem to convey his theme?

Extensions:
- Choose one poem to be read in Spanish and English. Ask bilingual students to compare how the poem is expressed in each language.
- Direct students to write a poem from Duarte's perspective, using different imagery to convey the same meaning.

Duarte and Lincoln: Inspiring the Fight for Freedom

Objective: Students will be able to compare Juan Pablo Duarte's "Anthem" to Abraham Lincoln's Gettysburg Address.

This lesson is designed for a middle school or high school history class.

Teacher Background: During the mid-1860s, the United States and the Dominican Republic were both in turmoil. In 1861, as the Civil War began in the United States, the Dominican Republic was reclaimed by Spain as a colony. Two years later, the Battle of Gettysburg was fought in the United States, while freedom fighters launched the War of Restoration in the Dominican Republic. By 1865, the U.S. Civil War had ended, and the Dominican Republic had regained its independence from Spain. In both nations, war inspired patriotic writing, meant to stir people to action. Many of Duarte's poems, including "Anthem," were written in this spirit. Duarte returned to the Dominican Republic during the War of Restoration after nearly two decades of exile. This poem may have been written while Duarte was in exile or upon his return; the audience for the poem is uncertain.

Procedure:
1. Motivation: Ask students: What do we expect from our political leaders in times of great difficulty? What do we expect our leaders to say and do?
2. Explain the historical parallels between the United States and the Dominican Republic in the mid-1800s. It may be helpful to create and display a simple timeline showing events in each nation.
3. Distribute copies of the Gettysburg Address and "Anthem" to students.
4. Read each piece aloud while students mark their initial reactions. A teacher or an excellent reader in the class can be chosen to read each text.
5. For each document, students should write answers to these questions:
    - Who was the author? What was his role?
    - What was the date and setting of the historical source (if known)?
    - What is known about the audience for this historical source?
    - What was the author's purpose for writing?
    - What was the author's basic message?
6. Then, engage students in a discussion on any of these topics:

- What are the similarities between these two documents?
- Why do you think there are such similarities? (For instance, both authors praise the sacrifices of fallen soldiers, urge survivors to devote themselves to the fight, and uphold the goal of freedom.)
- What makes these documents different?
- One of these documents is a speech, while the other is a poem. How does this allow each author to convey his message differently?
- What does each document say about freedom? What is the difference between the freedom Lincoln seeks and the freedom Duarte seeks?

As students participate in the discussion, they should also take notes.

7. Assessment: At the end of class, they should answer at least one of the discussion questions, using evidence from the text and the class discussion to support their answers.

Duarte and "El Criollo": "Unidos y Osados"

Objective: Students will be able to evaluate Juan Pablo Duarte's racial views as expressed in "El Criollo" and their impact.

This lesson is designed for a middle school or high school English or social studies class.

Teacher Background: In 1861, Spain retook the Dominican Republic as a colony, invited by Dominican General Pedro Santana. From exile, Juan Pablo Duarte urged his countrymen to defy this new government and fight to reestablish an independent Dominican nation. "El Criollo" hearkens to past days of Spanish glory, citing the hero El Cid, before denigrating the current Spanish regime as "vil e inhumano"—vile and inhuman. The poem is especially significant because it urges people of all races to join as one people, to defeat Spain. Its final stanza is frequently cited as evidence of Duarte's liberal view of race relations.

Note: Because this lesson involves the sensitive topic of race, it is important to establish a sense of openness and tolerance in the classroom. Two organizations, *Facing History and Ourselves* and *Teaching Tolerance*, offer excellent resources for creating this open, productive classroom environment.

Procedure:

1. Motivation: Engage students in a discussion about race in their community. Consider these questions:
   - What attitudes do people in your community have toward skin color?
   - What words do the people around you use to discuss race and skin color?
   - What situations have you witnessed where race was a factor?
   - Does race cause conflict in your community?
   - Have you seen racial conflict resolved? How can it be resolved?
2. Distribute copies of "El Criollo." Explain the historical context for the poem.
3. Direct students to read the complete poem, annotating as they read. Discuss students' initial reactions and answer clarifying questions.
4. In pairs, direct students to answer the following questions:
   - What is the overall mood of the poem?

- Who or what is the negative force in the poem? How is this force described?
- How does the author encourage readers to fight back?
- What characteristics will the Dominican people need in order to be victorious?
- Why does Duarte call on people of all races to unite?

Invite students to discuss these answers.

5. Reread the final stanza of the poem, in both Spanish and English if helpful. Ask students to independently respond to the following prompt: Put Duarte's message into your own words. Where could this message be applied in your community? In your country?
6. Assessment: In small groups, direct students to design a poster that conveys Duarte's message of tolerance. The poster can include: quotes from the Duarte poem, artwork, suggested applications of the message in the community or country. Evaluate the poster for creativity, presentation, and accurate application of content.

CONTRIBUTORS

Mariel Acosta was born in Santo Domingo, Dominican Republic and came to the United States for her college education. She completed her undergraduate degree in Anthropology with a concentration in Anthropological Linguistics at Hunter College, CUNY, where she also completed a certificate in Translation and Interpretation. Currently she is a student of the MA program in Spanish at City College, CUNY and works as a Research Assistant at the CUNY Dominican Studies Institute also at City College.

Sarah Aponte is founder and Chief Librarian of the CUNY Dominican Studies Institute Library at The City College of New York and Associate Professor at The City College Libraries. She is the author of *Autores dominicanos de la diáspora (1902-2012): apuntes bio-bibliográficos* (with Franklin Gutiérrez. Biblioteca Nacional Pedro Henríquez Ureña, 2013) and *Dominican Migration to the United States 1970-1997: An Annotated Bibliography* (CUNY Dominican Studies Institue, 1999). In addition to her teaching and writing, Prof. Aponte conducts workshops and presentations on Dominican Studies.

Rhina P. Espaillat, Dominican by birth, has lived in the United States since 1939, taught English in New York City, and has published poetry, short stories and essays, in both English and Spanish. She also publishes translations from both languages, especially from the work of Saint John of the Cross, Sor Juana Inés de la Cruz and other Latin American and Spanish poets, as well as work by Richard Wilbur and Robert Frost, among other poets of the United States. Her most recent books include *Her Place in These Designs*, a poetry collection in English; *Agua de dos Rios,* a collection of her essays and poems in both languages; and *El olor de la memoria/ The Scent of Memory,* her short stories in bilingual format.

Sherill-Marie Henríquez grew up speaking Spanglish with her Dominican family in Union City, NJ. She loves studying and practicing language; while an undergraduate, she had the opportunity to practice her Italian in Bologna, Italy for six months. Sherill-Marie obtained a B.A. in Ethnicity and Race at Columbia University in May 2013 and continues to study Dominican and Latino media. In May 2014, she presented, "Dominicanation: Creating an Identity, One Joke at a Time," her thesis documentary on Dominican identity humor, at the Dominican Studies Association's "Making a Difference" conference. Sherill-Marie is exceedingly grateful for this opportunity to celebrate her language and heritage by translating Juan Pablo Duarte's writing alongside the Dominican Studies Institute.

Antonio Pérez was born in the United States of Dominican parents. He is currently studying for his Master's degree in Teaching English to Speakers of Other Languages (TESOL) at City College (CUNY) and hopes to become an English teacher for immigrant teenagers. Antonio's dream is to unite the people of the world through language; this Duarte Translation is a way for native English speakers and native Spanish speakers to be able to speak about one of the greatest figures in Dominican History. Antonio also hopes that this book will allow Dominicans, familiar with or not familiar with Spanish, to learn about the great Dominican Leader and Father of the Nation, Juan Pablo Duarte.

Nelson Santana was born in the Dominican Republic. He migrated to the United States with his parents at a young age. Nelson obtained his Bachelor of Arts in English from Baruch College (CUNY), his Master of Arts in the Study of the Americas from the City College of New York (CUNY), and his Master of Science in Library and Information Science at Drexel University. He worked for seven years as Assistant Librarian at the CUNY Dominican Studies Institute. Nelson is currently pursuing a doctoral degree in History at Rutgers University.

Martin Toomajian is a U.S. History and Government teacher at City College Academy of the Arts, an Early College school in Washington Heights. He has partnered with the CUNY Dominican Studies Institute to create a "Bridge to College" seminar course that exposes his school's eighth graders to collegiate study of Dominican culture. A graduate of Yale and Fordham Universities, he has lived and worked in Upper Manhattan since 2006.

Juan Pablo Duarte: A Selected Bibliography

The following selected bibliography is an attempt to provide references to sources dedicated to the life and works of Juan Pablo Duarte, one of the founding fathers of the Dominican Republic. These sources, which represent books and journal articles published between 1884 and 2014, were located in OCLC's WorldCat (the largest online global union catalog of library collections), the CUNY Dominican Studies Institute Library collections, and other databases (JSTOR, Academic Search Complete and EBSCOhost, among others).

English sources were difficult to locate. The first section of the bibliography lists the small number of English sources dedicated to Juan Pablo Duarte (mainly short articles and biographies). It also includes a few of the Dominican history books that have been published in English and provide some references to Juan Pablo Duarte and the Dominican independence movement. As far as we know, there is not a comprehensive work in English about his life and contributions. This bilingual edition of Juan Pablo Duarte's writings is the first attempt to begin to fill that gap.

Sarah Aponte

English sources: Juan Pablo Duarte

Alexander, Robert J. "Juan Pablo Duarte." In *Biographical Dictionary of Latin American and Caribbean Political Leaders*. Robert J. Alexander. New York: Greenwood Press, 1988. 139-140.

Álvarez, Federico C. "Duarte, a Symbol." *Bulletin of the Pan American Union*. April 1944, Vol. 78, 196-201.

Ariza, J. del C. "Dominican Patriot in Hall of Heroes." *Bulletin of the Pan American Union*. January 1926, Vol. 60, 4-9.

"Juan Pablo Duarte." In *Notable Caribbeans and Caribbean Americans: A Biographical Dictionary*. Serafín Méndez Méndez, Gail A. Cueto, and Neysa Rodríguez Deynes. Westport, CT: Greenwood Press, 2003. 148-149.

"Portrait." *Bulletin of the Pan American Union*. May 1916, Vol. 42, 592.

Statue of Juan Pablo Duarte to be erected in Santo Domingo, Dominican Republic. Conditions of the international competition for the selection of a design submitted to the sculptors of the United States by the minister of the Dominican Republic Hon. Angel Morales. Washington, D.C., 1928.

Webster, Mamie Morris. *A History of the Dominican Republic and a Resume of the Interesting Life and Military Activities of its National Hero, Juan Pablo Duarte*. S.l.: s.n., 1940.

Wohl, Gary and Carmen Cadilla Ruibal. *Hispanic Personalities: celebrities of the Spanish-speaking World*. New York: Regents Pub. Co., 1978.

English sources: Dominican History

Cambeira, Alan. *Quisqueya la Bella: The Dominican Republic in Historical and Cultural Perspective*. Armonk, NY: London, England: M.E. Sharpe, 1997.

Gallin, Anne, Ruth Glasser, and Jocelyn Santana. *The Dominican Republic*. Washington, DC: Teaching for Change, 2005.

Moya Pons, Frank. *The Dominican Republic: A National History*. Princeton, NJ: Markus Wiener Publishers, 1998.

Rodman, Selden. *Quisqueya: a History of the Dominican Republic.* Seattle: University of Washington Press, 1964.

Roorda, Eric, Lauren Hutchinson and Raymundo González. *The Dominican Republic Reader: History, Culture, Politics.* Durham; London: Duke University Press, 2014.

Sagás, Ernesto and Orlando Inoa. *The Dominican People: A Documentary History.* Princeton, NJ: Markus Wiener Publishers, 2003.

Welles, Sumner. *Naboth's Vineyard; the Dominican Republic, 1844-1924.* New York: Payson & Clarke, 1928.

Sources in Spanish
Acosta Piña, Carlos Aníbal. *El general Duarte.* Santo Domingo, República Dominicana: Editora Universitaria, 1986.

-----. *Duarte y la Marina.* Santo Domingo, República Dominicana: Biblioteca Nacional; Editorial CENAPEC, 1985.

Alfau Durán, Vetilio. *Ideario de Duarte y su proyecto de constitución.* Santo Domingo, República Dominicana: Comisión Permanente de Efemérides Patrias (CPEP), 2006.

-----. *Ideario de Duarte.* Santo Domingo, República Dominicana: Imprenta San Francisco, 1953.

Alfau, Reyna. *Juan Pablo Duarte: padre de la patria dominicana.* Santo Domingo, República Dominicana: Centros APEC de Educación a Distancia, 1989.

Amarante, Héctor. *Juan Pablo Duarte: vida y sentimiento en Venezuela y Nueva York.* Nueva York: Editora Circe La Maga, 2002.

Ateneo de Marianao. *Juan Pablo Duarte: sequiscentenario [sic] de su nacimiento.* Santo Domingo de Guzmán: s.n., 1967.

Ayala G. Duarte, Leonor. *Juan Pablo Duarte y Díez: fundador de la República Dominicana: datos inéditos para la historia de Europa y América: páginas nuevas para la historia de España con el Manuscrito Irlandés.* Barcelona: Marré, 2007.

Ayala Lafée-Wilbert, Cecilia, Werner Wilbert & Ariany Calles. *Juan Pablo Duarte en la Venezuela del siglo XIX: historia y leyenda*. Santo Domingo, República Dominicana: Banco Central de la República Dominicana, 2014.

-----. *La familia de Juan Pablo Duarte en la Caracas de 1845-1890:* Caracas, Venezuela: Instituto Duartiano de Venezuela, 2003.

Aybar, Andrejulio. *Epístola a Juan Pablo Duarte*. Chartres, Francia: Imprenta Ed. Garnier, 1914.

Ayuntamiento de Santo Domingo. *Juan Pablo Duarte. Documentos relativos a la traslación de sus restos*. Santo Domingo, República Dominicana: Impr. de García hermanos, 1884.

Balaguer, Joaquín. *El Cristo de la libertad*. Buenos Aires, Argentina: Editorial Américalee, 1950.

Balcácer, Juan Daniel. *Duarte nunca fue excomulgado*. Santo Domingo, República Dominicana : Búho, 2013.

-----. *Duarte revisitado: (1813-2013)*. Santo Domingo, República Dominicana: Banco Central de la República Dominicana, 2012.

-----. *Vicisitudes de Juan Pablo Duarte*. Santo Domingo, República Dominicana: Banco Central de la República Dominicana, 1999.

-----. *El pensamiento político de Duarte*. Santo Domingo, República Dominicana: Biblioteca Taller, 1986.

-----. *Duarte por estudiantes*. Santo Domingo, República Dominicana: Gobierno de Concentración Nacional, 1983.

-----. *Juan Pablo Duarte, el Padre la Patria*. Santo Domingo, República Dominicana: Ediciones Pedagógicas Dominicanas, 1978.

Barinas Coiscou, Sócrates. *Juan Pablo Duarte peregrino de la libertad y del derecho. Juan sin tiempo*. Santo Domingo, República Dominicana: Instituto Duartiano, 2002.

-----. *Juan sin tiempo: Juan Pablo Duarte, peregrino de la libertad y del derecho*. Santo Domingo, República Dominicana: Talleres Impr. HT, 1996.

Campillo Pérez, Julio Genaro. *En los albores de la patria: homenaje a Juan Pablo Duarte*. Santo Domingo, República Dominicana: Comisión Permanente de Efemérides Patrias, 1997.

Cassá, Roberto. *Juan Pablo Duarte: el padre de la patria*. Santo Domingo, República Dominicana: Tobogán, 1999.

Castro Ventura, Santiago. *Duarte en la proa de la historia*. Santo Domingo, República Dominicana: Editora Manatí, 2005.

Cestero Burgos, Tulio. *Duarte: el precursor*. Ciudad Trujillo, República Dominicana: s.n., 1957.

Collado, Miguel. *Visión de Hostos sobre Duarte: a propósito del bicentenario del natalicio de Juan Pablo Duarte (1813-2013)*. Santo Domingo, República Dominicana: Archivo General de la Nación, 2013.

Cruz, Juan de la. *Génesis y eclipse: la utopía de Duarte*. Santo Domingo, República Dominicana: Dirección General de la Feria del Libro, 2013.

Del Risco, Enrique, Héctor Cuenca & Lilian Cuenca. *Juan Pablo Duarte*. Union, NJ: Reading Time, 2003.

Despradel Batista, Guido. *Duarte, bosquejo histórico y aporte de la familia Duarte-Díez a la independencia dominicana*. Santo Domingo, República Dominicana: Revista & Ediciones Renovación, 1975.

Díaz Méndez, R. *Duarte y La Trinitaria. Breves consideraciones masónicas*. S.l.: *Imprenta Roldán*, 1944.

Domínguez, Franklin. *Duarte, fundador de una república: drama histórico en dos actos*. Santo Domingo, República Dominicana: Santuario, 2008.

Domínguez, Jaime de Jesús. *Juan Pablo Duarte Díez, independentista restaurador*. Santo Domingo, República Dominicana: Editora Universitaria, 2014.

Duarte, Rosa. *Apuntes de Rosa Duarte. Archivo y versos de Juan Pablo Duarte*. Ed. Emilio Rodríguez Demorizi, Carlos Larrazábal Blanco & Vetilio Alfau Durán. Santo Domingo, República Dominicana: Editora del Caribe, 1970.

Espinal Luna, Robert Enmanuel. *Duarte como es.* Santiago, República Dominicana: Talleres de Wikiprint, 2013.

Esténger, Rafael. *La vida gloriosa y triste de Juan Pablo Duarte. Biografía para estudiantes.* Santo Domingo, República Dominicana: Editorial UNPHU, 1981.

Franco, Franklyn. *Duarte y la independencia nacional.* Santo Domingo, República Dominicana: Ediciones INTEC, 1976.

Franco, José Ulises. *Duarte, símbolo de abnegación y sacrificio, y la fundación del Centro Duartiano de Santiago de los Caballeros.* Santiago, República Dominicana: El Centro, 1981.

Galván, Manuel de Jesús. *Necrología.* Caracas, Venezuela: s.n., 1876.

García Angulo, Efraín. *Hostos y Duarte: en el nombre de Dios, por la historia y por la raza.* Puerto Rico: s.n., 1933.

García Arévalo, Manuel A. y Gabriel Zuloaga. *La casa de Duarte en Caracas.* Santo Domingo, República Dominicana: Imp. Arte y Cine, 1977.

García Lluberes, Alcides. *El testamento político de Duarte y los orígenes de nuestra efectiva idea.* Santo Domingo, República Dominicana: Departamento de Publicaciones, Universidad Autónoma de Santo Domingo, 1976.

-----. *Duarte y otros temas.* Santo Domingo, República Dominicana: Editora del Caribe, 1971.

-----. *Duarte y las bellas letras.* Ciudad Trujillo, República Dominicana: Imprenta San Francisco, 1954.

-----. *Historia de la Plaza Duarte. En gloria a Duarte.* Santo Domingo, República Dominicana: Imprenta de J.R. Vda. García, 1930.

García, José Gabriel & Emilio Rodríguez Demorizi. *Rasgos biográficos de Juan Pablo Duarte y cronología de Duarte.* Santo Domingo, República Dominicana: Comisión Permanente de Efemérides Patrias, 2007.

Gilberto Núñez, Juan. *Duarte en mi corazón de niño.* Santo Domingo, República Dominicana: Fundación Luces y Sombras, 2008.

Gloria a Duarte: documentos relativos a la inauguración del monumento erigido en homenaje al fundador de la República. Santo Domingo, República Dominicana: Imprenta de J.R. vda. García, 1930.

Grimaldi Silié, Eleanor Mercedes. *Duarte, Sánchez y Mella: vistos por una educadora*. Santo Domingo, República Dominicana: Ed. Búho, 2002.

Henríquez i Carvajal, Federico. *Duarte: próceres, héroes i mártires de la independencia*. Ciudad Trujillo, República Dominicana: Imprenta San Francisco, 1944.

Henríquez V., F. Alberto. *El papel político y revolucionario jugado por Duarte en la fundación de la República Dominicana*. Santo Domingo, República Dominicana: Instituto Tecnológico de Santo Domingo, 1975.

Hernández Flores, Ismael. *La constitución de Duarte*. Santo Domingo, República Dominicana: Fundación para la Educación y el Arte, 2002.

Hernández M., Edgar. *Duarte entre los escolares*. Santo Domingo, República Dominicana: *Impresora Soto Castillo*. 2008.

Homenaje a Duarte. Colección de documentos relativos al proyecto de la erección de su estatua. Santo Domingo, República Dominicana: Impr. García Hnos, 1894.

Hungría Morell, José. *Duarte y la liberación de Dominicana*. Santo Domingo, República Dominicana: UASD, 1976.

Incháustegui, Joaquín. *Ofrenda patricia*. Santo Domingo, República Dominicana: Secretaría de Educación, 1974.

Inoa, Orlando. *Biografía de Juan Pablo Duarte*. Santo Domingo, República Dominicana: Editorial Letra Gráfica, 2008.

Jimenes Grullón, Juan Isidro. *La ideología revolucionario de Juan Pablo Duarte*. Santo Domingo, República Dominicana: Editora Collado, 2010.

Juan Pablo Duarte: fundador de la República Dominicana homenaje de cubanos agradecidos, residentes en Miami, Florida, E.E.U.U. de América y República Dominicana. Santo Domingo, República Dominicana: Corporación Dominicana de Servicios de Oficina, 1976.

Julia, Julio Jaime. *Antología de la prosa duartista*. Santo Domingo, República Dominicana: s.n., 1976.

-----. *Antología poética duartista*. Santo Domingo, República Dominicana: Taller, 1976.

-----. *Poesía duartista*. Santo Domingo, República Dominicana: Amiga del Hogar, 1972.

Lantigua, José Rafael. *Duarte en el ideal: hacia una revalorización del ideal duartiano*. Santo Domingo, República Dominicana: Comisión Permanente de Efemérides Patrias, 1999.

Lebrón Saviñón, Mariano. *Heroísmo e identidad: Duarte libertador, romántico y poeta*. Santo Domingo, República Dominicana: Instituto Duartiano, 1999.

Malagón, Jacqueline. *Duarte hoy*. Santo Domingo, República Dominicana: SEEBAC, 1993.

Marte, Roberto y Luis Cordero Velásquez. *Juan Pablo Duarte y la Venezuela de su época. Contribución al estudio de su vida en los Llanos de Apure*. Santo Domingo, República Dominicana: Banco Central de la República Dominicana, 1987.

Mella, Pablo SJ. *Los espejos de Duarte*. Santo Domingo, República Dominicana: Instituto Filosófico Pedro Fco. Bonó; Ediciones Paulinas; Ediciones MSC, 2013.

Miniño Marion Landais, Manuel Marino. *El pensamiento de Duarte en su contexto histórico e ideológico*. Santo Domingo, República Dominicana: Instituto Duartiano, 1998.

Morrison, Mateo. *Juan Pablo Duarte. Antología poética contemporánea*. Santo Domingo, República Dominicana: CPEP, 2000.

-----. *Juan Pablo Duarte a través de nueve autores contemporáneos*. Santo Domingo, República Dominicana: Editora Gente, 1997.

-----. *Poemas a Juan Pablo Duarte*. Santo Domingo, República Dominicana: Editora Universitaria-UASD, 1986.

Núñez, Juan Gilberto y Henry Santana. *Duarte en mi corazón de niño*. Santo Domingo, República Dominicana: Fundación Luces y Sombras, 2008.

Orbe y del Orbe, Ramón del. *Semblanza de Juan Pablo Duarte*. La Vega, República Dominicana: s.n., 1947.

Patín Veloz, Enrique. *Duarte y la historia*. Santo Domingo, República Dominicana: Instituto Duartiano, 1998.

-----. *Las enseñanzas cívicas de Duarte*. Santo Domingo, República Dominicana: Instituto Duartiano, 1985.

-----. *Temas duartianos*. Santo Domingo, República Dominicana: Dirección General de Información, Publicidad y Prensa de la Presidencia, 1983.

Peña, Ángela. *Así era Duarte*. Santo Domingo, República Dominicana: Editora Lozano, 1996.

Pepén, Juan Félix. *La nación que Duarte quiso*. Santo Domingo, República Dominicana: Centro Cultural Poveda y Ediciones MSC, 2004.

Pérez, Carlos Federico. *Pensamiento y la acción en la vida de Juan Pablo Duarte*. Santo Domingo, República Dominicana: Banreservas; Sociedad Dominicana de Bibliófilos, 2007.

-----. *Duarte: ideal y realidad*. Santo Domingo, República Dominicana: Instituto Duartiano, 1972.

Pérez Saviñón, José Joaquín. *Resumen de la verdadera historia del General Juan Pablo Duarte y Díez*. Santo Domingo, República Dominicana: Instituto Duartiano, 2009.

Pichardo Cruz, Daniel Nicanor. *Nacimiento y bautismo de Juan Pablo Duarte, fundador de la República*. Santo Domingo, República Dominicana: Instituto Duartiano, 2009.

-----. *Fallecimiento e inmortalidad de Juan Pablo Duarte, fundador de la República*. Santo Domingo, República Dominicana: Instituto Duartiano, 2009.

Polanco Brito, Hugo Eduardo. *Duarte y la juventud*. Santiago, República Dominicana: Universidad Católica Madre y Maestra, 1976.

Portillo, Julio. *La faz de Duarte: iconografía.* Caracas, Venezuela: Editorial Arte, 2002.

Riggio Pou, Guido. *La historia al revés: el papel de la iglesia y la masonería en la lucha independentista dominicana. La excomunión de Duarte.* San José de las Matas, República Dominicana: Editorial Orpus, 2013.

Rodríguez Demorizi, Emilio. *En torno a Duarte.* Santo Domingo, República Dominicana: Ed. Taller, 1976.

-----. *Cartas al padre de la patria.* Santo Domingo, República Dominicana: Editora del Caribe, 1970.

-----. *Duarte romántico.* Santo Domingo, República Dominicana: Ed. del Caribe, 1969.

Sánchez Fernández, José A. *Sánchez y Duarte frente al problema de la independencia nacional.* Santo Domingo, República Dominicana: Editora Taller, 1984.

-----. *La Universidad Autónoma de Santo Domingo y Duarte: Duarte, fundador de la República?* Santo Domingo, República Dominicana: Editora Alfa y Omega, 1980.

Serra, Nidia. *Duarte visto por los niños.* Santo Domingo, República Dominicana: Centro del Arte, 1983.

Serulle, Haffe. *Duarte.* Santo Domingo, República Dominicana: Editora Cultural Dominicana, 1976.

Silié, Eleanor Grimaldi. *Duarte, Sánchez y Mella: vistos por una educadora.* Santo Domingo, República Dominicana: Editora Búho. 2002.

Tena Reyes, Jorge. *Duarte en la historiografía dominicana.* Santo Domingo, República Dominicana: Comisión Oficial para la Celebración del Sesquicentenario de la Independencia Nacional, 1994.

Troncoso Sánchez, Pedro. *La faceta dinámica de Duarte y El decálogo duartiano.* Santo Domingo, República Dominicana: Instituto Duartiano, 2009.

-----. *Episodios duartianos*. Santo Domingo, República Dominicana: s.n., 1997.

-----. *Las fechas duartianas*. Santo Domingo, República Dominicana: Editora Alfa y Omega, 1981.

-----. *Vida de Juan Pablo Duarte*. Santo Domingo, República Dominicana: Instituto Duartiano, 1975.

-----. *La influencia de Juan Pablo Duarte*. Santo Domingo, República Dominicana: Instituto Tecnológico de Santo Domingo, 1975.

-----. *El decálogo duartiano*. Santo Domingo, República Dominicana: Editora del Caribe, 1972.

-----. *La faceta dinámica de Duarte*. Santo Domingo, República Dominicana: Impreso en la Junta Central Electoral, 1967.

Valois Vidal, Emma. *Duarte y las mujeres de la Independencia*. Santo Domingo, República Dominicana: Cocolo Editorial, 2000.

Vásquez, Pedro R. *Duarte, apóstol y libertador*. Santo Domingo, República Dominicana: Departamento de Publicaciones del Hogar del Niño Dominicano, 1980.

SPANISH SECTION

Introducción a Duarte, su era y su sitio:
Un ejercicio para la imaginación

Imagínese que usted vive en un sitio—quizás en una isla tropical—que le pertenece a un gran imperio poderoso con colonias regadas por el mundo entero: un imperio como el que fue, por ejemplo, Inglaterra. Vamos a suponer que su familia llegó a dicha isla hace varias generaciones, que usted nació en ella, creció hablando inglés y orgulloso de su herencia inglesa, y que usted se considera un fiel súbdito del monarca inglés, aunque a veces le disgusta saber que, por ser un "colono," usted no goza de los mismos derechos que les tocan a sus compatriotas nacidos allá en la metrópoli, en Inglaterra. Y además, usted nota que los administradores enviados desde Inglaterra a gobernar su isla no lo tratan a usted, ni a su familia, con el mismo respeto que se demuestran entre sí; eso le viene molestando hace tiempo, pero sin embargo usted permanece fiel.

Un día usted descubre que Inglaterra, la "madre patria," ha sido vencida por una nación vecina con la cual estaba en guerra (diremos, por ejemplo, Alemania), y se ha visto obligada a firmar un tratado de paz que le cede a Alemania, entre otras propiedades, la colonia donde usted nació, la única tierra que conoce. Usted, su familia, sus amigos y vecinos son todos, de repente, súbditos alemanes, obligados a adoptar el idioma, las costumbres, la religión, las leyes y las tradiciones de su nueva "madre patria".

Y aún hay más: el país vecino, parte de la misma isla donde usted nació, fue una vez una colonia alemana, pero después de muchos años de sufrimiento bajo un régimen injusto y opresivo, ese pueblo vecino logró, tras una lucha sangrienta, liberarse del dominio alemán y hacerse independiente. El mismo tratado que ha hecho de usted un alemán, también lo ha convertido en un enemigo de ese pueblo vecino, porque el territorio donde usted vive pronto se llenará de tropas alemanas—las mismas tropas que antes esclavizaron al pueblo vecino—seguramente preparadas, no sólo para dominarlos a ustedes, sino también para atacar y reconquistar a esos vecinos, privándolos de la libertad que lograron con tanto sacrificio.

Sus vecinos—asustados y furiosos—hacen lo mismo que haría usted en su situación: cruzan la frontera con un gran ejército bien armado, invadiendo la tierra donde nació usted, aunque esa tierra no tiene la culpa del peligro que ellos perciben, para defender a toda costa la libertad de su joven y frágil nación. ¡Ahora usted se encuentra, como un ex-inglés abandonado por su rey, obligado a defenderse contra vecinos que ven en usted un alemán recién creado, y por lo tanto un enemigo!

¿Qué piensa usted hacer? O, mejor dicho—por hacer una pregunta aún más fundamental—¿Quién es usted? ¿Hacia dónde lo llevan sus lealtades, su sentido de identidad, y hacia cuál destino quisiera usted encaminar el futuro de su familia y su hogar? Esa situación no es una pura fantasía; las inquietudes que conlleva no fueron imaginarias para los que enfrentaron esas mismas circunstancias a mediados de los años 1800, en un sitio muy específico en el Mar Caribe: la isla llamada La Española, una vez colonia, no de Inglaterra, sino de España, el otro gran imperio del período que duró desde el siglo XVI hasta el siglo XIX. Usted se hubiera encontrado, como un ex-súbdito de la corona española, repentinamente vuelto, no un alemán, sino un francés, esperando la llegada de las tropas francesas, en territorio ya invadido por sus vecinos haitianos, una vez colonos—y esclavos—de esos mismos franceses. Los haitianos han invadido, como bien se comprende, absolutamente resueltos a defender su libertad contra los que fueron una vez sus dueños, quienes ahora se han adueñado del pueblo que colinda con Haití, se supone que para atacarlos y esclavizarlos de nuevo. El dilema en que se encuentra usted demuestra perfectamente como todo habitante del "Nuevo Mundo" americano vivía a merced de eventos que tomaban lugar allá lejos en el "Viejo Mundo" europeo: guerras, alianzas, leyes, tratados que se hacían sin consultar al colono, pero que afectaban todos los aspectos de su vida y su situación, y hasta su identidad.

¿Qué hubiera hecho usted? Veamos las opciones que se les ocurrieron a varios grupos. Unos dijeron, "Debemos unirnos a los haitianos, el pueblo vecino con quien compartimos la isla y muchos intereses comunes, y así juntos nos libraremos de los franceses". Otros dijeron, "No, debemos aliarnos con los franceses, porque tienen un ejército poderoso que nos podrá defender contra todos los otros, comenzando por los haitianos". Y otros dijeron, "No, somos españoles. ¿Por qué sacrificar nuestro idioma, nuestras costumbres, todo lo que nos identifica? Mejor será dirigirle una petición a España, pidiéndole ser reintegrados a la familia que nos toca, como Cuba y Puerto Rico, que siguen siendo colonias españolas". Otros propusieron unirse a los Estados Unidos de América, esa patria vecina norteña, angloparlante, próspera y exitosa, que había declarado su independencia de Inglaterra en 1776, y había realizado esa independencia por la fuerza. Y otro grupo radical propuso unirse, al contrario, a los vecinos del sur, esas otras colonias españolas que en ese momento pugnaban por romper sus vínculos con España, para realizar el sueño de Simón Bolívar: una vasta federación de estados hispanoparlantes, que le haría contrapeso a las poderosas federaciones angloparlantes en el norte del hemisferio. Todas esas opciones gozaban del apoyo de facciones que variaban en cuanto a fuerza y números, pero que se disputaban sus puntos de vista con pasión, y a veces con violencia.

Pero un grupo—quizás el más atrevido y radical de todos—proponía otra solución: ¿Por qué no arremeter en busca de la independencia total, librándose de toda dominación extranjera, como lo había hecho el feroz y valiente pueblo haitiano, que llevó a cabo la sublevación de esclavos más exitosa del mundo, para hacerse la segunda nación independiente de las Américas, después de los Estados Unidos?

Los jóvenes dedicados a la revolución independentista en Santo Domingo enfrentaban varios problemas: carecían de ejército; de aliados; de los fondos necesarios para proporcionarse armas, uniformes y provisiones; y carecían, también, de plan de acción para el futuro, una vez lograda la independencia que ansiaban.

Lo que sí tenían era el respeto del pueblo común; el entusiasmo de la juventud, que ya se sentía gente nueva, gente no europea; y gozaban, también, del apoyo de los pensadores más avanzados del pueblo aún por nacer. Infelizmente, también se habían ganado la hostilidad arraigada de varios militares poderosos dedicados a sus intereses personales—enriquecerse, y ejercer el máximo poder— y no a las obligaciones que impone establecer y encaminar una patria nueva.

El 16 de julio de 1838, algunos de los jóvenes patriotas de Santo Domingo formaron una sociedad secreta, La Trinitaria, para lograr la independencia dominicana. Juraron dedicarse a trabajar sin tregua hacia ese fin, y comenzaron a reclutar nuevos miembros, uno por uno, formando grupos de tres que se conocían entre sí, para así no revelar a los enemigos del grupo sus planes ni la identidad de sus miembros.

Entre ellos se destacaba Juan Pablo Duarte, un joven instruído, de la clase media, que había descubierto varias novedades políticas durante sus viajes por Europa y los Estados Unidos. Bajo su liderazgo, el grupo revolucionario independentista también formó dos organizaciones culturales, La Filantrópica y La Dramática, para presentar espectáculos teatrales sobre los temas del día y discutir dichos temas, con fin de educar al pueblo y diseminar las ideas democráticas. Juan Pablo y su hermano mayor, Vicente, buscaban público para sus ideas revolucionarias, y los jóvenes seguidores de Juan Pablo utilizaban las artes como medio para realizar el progreso social. Contaban con que la educación, el trabajo, y la devoción desinteresada a la causa noble, les servirían como medios para lograr casi todo.

También compartían una visión avanzada de lo que sería la futura República Dominicana: su gobierno debía obedecer la voz del pueblo, expresada por representantes elegidos libremente por el pueblo, y debía ser reflejo de las múltiples etnias que se habían encontrado en su suelo, pacíficamente o con violencia, justa o injustamente, gracias a la historia que los había traído a Santo Domingo para forjar de ellos un solo pueblo. Querían incluir a los habitantes originales de la isla, los taínos explotados y desconsiderados; las generaciones de conquistadores, aventureros, inmigrantes y exiliados de todas partes; los esclavos africanos cuya labor—obligada, dura, y no remunerada—había construido la base del país y su economía; y la mezcla mestiza y mulata de todos esos grupos que, ya para entonces, iba formando la población multi-étnica que constituye el pueblo dominicano que hoy se reconoce.

Un aspecto notable del pensamiento de Duarte es precisamente su temprana y firme comprensión de esa necesidad nacional de inclusividad y unidad, si es que el pueblo nuevo iba a sobrevivir y prosperar. Duarte expresa ese sentimiento con perfecta claridad en un poema suyo titulado "El criollo", donde insta a sus compañeros de batalla a defender, con unidad indivisible, al pueblo que anhelan establecer y compartir. He aquí lo que rezan esos versos extraordinarios:

Los blancos, morenos,
Cobrizos, Cruzados,
Marchando serenos,
Unidos y osados,
La patria salvemos
De viles tiranos,
Y al mundo mostremos
Que somos hermanos.

La visión del futuro pueblo dominicano que expresa Duarte en estas palabras demuestra un modo de pensar sumamente avanzado para su época. Recordemos que cuando él escribió esos versos, la Guerra Civil que le puso fin a la esclavitud en los Estados Unidos todavía no se había librado, y que muchos, aún entre sus compañeros de batalla, y en muchas partes del Caribe y en toda la América Latina, todavía no se consideraban racialmente "hermanos".

Este libro que tiene en las manos es una colección de documentos que representan el intercambio de ideas entre Juan Pablo Duarte y varios otros personajes históricos, sobre todo los miembros de su grupo revolucionario, los Trinitarios. [29] Estos documentos se salvaron, para servirle de instrucción a la posteridad, gracias a Rosa Duarte, la magnífica hermana de Juan Pablo, quien tuvo la sagacidad de presentir que un día serían de gran importancia por lo que aportan a la historia dominicana. Las dos hermanas de Duarte, Rosa y Francisca, pagaron quizás más que nadie por la independencia nacional que lograron sus hermanos, Juan Pablo y Vicente, y sus seguidores. Todo lo material de valor que poseía la familia Duarte se vendió para suplir las necesidades de las fuerzas armadas revolucionarias, y cuando la familia se vio exiliada a Venezuela por sus enemigos políticos, las hermanas aceptaron una existencia mísera, y cuidaron como pudieron, a pesar de su pobreza económica, a sus padres ancianos y al hermano menor, Manuel, que había perdido la razón como resultado de la inestabilidad y los peligros que sufrió durante su niñez, gracias a la actividad política de su familia. Y sin embargo, las hermanas jamás vacilaron en su fidelidad a la causa de la independencia nacional, sino que la apoyaron, a toda costa, sin quejarse.

Los documentos que Rosa conservó abarcan textos militares, órdenes, requisiciones, intercambios políticos, poemas y cartas personales que reflejan los conflictos, las dificultades y los increíbles sacrificios que vivieron los fundadores de la República Dominicana. Los hemos recopilado y traducido al inglés porque sabemos que tienen valor, no sólo por lo que nos enseñan de la historia nacional en ese período formativo, sino porque también nos revelan las personalidades, las vidas y los ideales de aquellos que se sacrificaron, sufrieron el exilio y la miseria, el

---

29 *Apuntes de Rosa Duarte: Archivo y versos de Juan Pablo Duarte.* Edición y notas de Emilio Rodríguez Demorizi, Carlos Larrazábal Blanco y Vetilio Alfau Durán. Santo Domingo, República Dominicana: Instituto Duartiano, 2009.

combate y las heridas físicas y emocionales, para darle vida al pueblo que le legaron al futuro.

Esperamos que estas pocas vislumbres de las vidas y los pensamientos de personajes imperfectos pero excepcionales engendren en ustedes el deseo de averiguar más, y quizás les inspire a seguir leyendo algo más sobre la historia de la República Dominicana, el resto del mundo caribeño, y toda la América Latina, esa otra mitad del continente, tan importante, y tan poco conocida.

Rhina P. Espaillat

Biografía de Juan Pablo Duarte y Díez

Juan Pablo Duarte y Díez personifica la intelectualidad dominicana. Pensador liberal del siglo diecinueve, luchó contra fuerzas extranjeras para liberar su patria de toda dominación foránea. Duarte es venerado por haber sido un gran héroe que pugnó, junto a compañeros dominicanos y aliados haitianos, contra el poder haitiano que se apoderó de Santo Domingo desde 1822 hasta 1844. También se opuso con firmeza a las pretensiones imperialistas de Francia, España y los Estados Unidos. Como demuestran sus escritos, los ideales de Duarte insistían en la inclusión de todos, cualquier fuere su raza: blanca, negra, y todos los demás matices de la piel humana.

Juan Pablo Duarte y Díez nació el 26 de enero, 1813, en Santo Domingo, hijo de padre español, Juan José Duarte, y madre criolla, Manuela Díez Jiménez, nacida en El Seibo. Desde joven Duarte demostró gran capacidad para el desarrollo intelectual. Como era común entre las familias muy acomodadas, sus padres lo enviaron a Europa a cursar estudios. Notan los académicos que Duarte viajó a Europa y a los Estados Unidos con su padre. Su madre jugó un papel importantísimo en la formación mental de su hijo, dado que ella no sólo le proporcionó su primera instrucción, sino que le inculcó el amor a la libertad, se puede decir que desde el vientre.

Los padres de Duarte partieron hacia Puerto Rico en 1801 para evadir la dominación francesa impuesta por la invasión de Toussaint L'Ouverture y tras su toma de Santo Domingo. En 1809 la familia Duarte volvió a Santo Domingo, al concluir con éxito la Reconquista, como se denomina a la rebelión de los criollos, descendientes de españoles, contra las fuerzas francesas y haitianas. Los criollos lograron retomar a Santo Domingo, que entonces volvió a ser colonia española.

El período de 1809 a 1821 se conoce como la era de "La España Boba", porque durante esos años la corona española se despreocupó de la colonia. El 1 de diciembre, 1821, una acción militar bajo el mando de José Nuñez de Cáceres proclamó la colonia de Santo Domingo independiente de España, y se nombró al territorio "Haity Español". Dos meses después, las tropas de Jean-Pierre Boyer, presidente de Haití, tomaron la ciudad de Santo Domingo y conquistaron el territorio, casi sin oposición, ya que los habitantes de Santo Domingo consideraban a Boyer un invasor pacífico. Las fuerzas haitianas ocuparon la parte este de la isla desde 1822 hasta 1844.

El 16 de julio, 1838, Duarte y sus compañeros fundaron una sociedad secreta llamada La Trinitaria, compuesta de un grupo de intelectuales que lucharon por la educación civil y la liberación del pueblo dominicano. Duarte y sus compatriotas participaron en numerosas revueltas contra las fuerzas haitianas. Algunos fueron encarcelados; otros, Duarte entre ellos, fueron exiliados. Durante el exilio de Duarte, el 27 de febrero, 1844, sus compatriotas rebeldes derrotaron a las fuerzas haitianas, así logrando crear una nueva nación soberana, la República Dominicana.

Muchos de los compañeros de Duarte, entre ellos Matías Ramón Mella, lo proclamaron presidente de la nueva república, pero Duarte rechazó la propuesta. Por otro lado, hubo otros, menos modestos que Duarte, a quienes les pareció apropiado asumir la presidencia. El General Santana, quien había sido compañero de guerra de Duarte durante la lucha por la independencia, logró que lo nombraran primer presidente de la joven República. Santana hizo todo lo posible para tomar las riendas del poder. Ejecutó o exilió todos aquellos que se oponían a su mando, entre ellos dos de los próceres de la patria que quedaban en el país en ese momento, Francisco del Rosario Sánchez y Matías Ramón Mella.

A diferencia de Duarte, Santana favorecía la Corona Española. Hatero y dueño de grandes terrenos, Santana fue tildado de traidor por Duarte, por el hecho de efectuar la anexión de la nueva república a España en 1861. El 16 de agosto, 1863, un grupo de patriotas dominicanos se pronunciaron en Capotillo contra la anexión a España e izaron la bandera dominicana, acto que inició la guerra de la Restauración. Al concluir dicha guerra en 1865, la República Dominicana se vió, una vez más, libre e independiente.

En pleno proceso de la Restauración, Duarte se presentó en el escenario de los acontecimientos. Desde Venezuela, llegó por Montecristi, el 25 de marzo de 1864, para ofrecer sus servicios a la restauración de la patria. Poco después fue designado representante diplomático del gobierno restaurador en Venezuela a donde llegó en agosto de 1864. Murió el 15 de julio, 1876, aún en exilio en Venezuela. En 1884 los restos de Duarte se transportaron a la República Dominicana, donde se les dió una despedida apropiada. Duarte no ejerció la presidencia de su país, pero sus ideales marcarán para siempre la vida de la República Dominicana.

Nelson Santana, tr. Rhina P. Espaillat

DOCUMENTOS SELECTOS

Carta de Jacinto de la Concha a Juan Pablo Duarte

Santo Domingo, 15 de noviembre, año 1843

Mi querido socio y amigo:

Si a ocuparme fuera en hacerle una circunstanciada relación de lo que ha padecido mi alma desde el momento fatal en que la bajeza de algunos conciudadanos nuestros fue causa de que Ud. abandonara el suelo que le vio nacer, dejando a sus buenos amigos entregados al dolor que necesariamente debía seguirse a tan inesperado acontecimiento, ciertamente que no me sería posible, supuesto el conjunto de encontrados afectos que asaltan sucesivamente a mi alma. Básteme sólo decirle, que unidos por tan sagrados lazos como son los de la amistad, igualdad de sentimientos y deseos, nuestros padecimientos deben ser unos, sólo con la diferencia que Ud. padece fuera de su país, lejos de su familia y amigos, y yo aún puedo disfrutar estos placeres; pero en cambio de ellos sufro el tormento de ver a cada instante a los indignos dominicanos, que degradan a sus conciudadanos haciéndoles llevar, en los países extranjeros, la nota de indolentes y cobardes, nota que verdaderamente no pertenece sino a ellos exclusivamente.

En fin, echemos un velo a todo lo pasado y ocúpenos solamente el porvenir. Este, así lo creo, debe hacer feliz a nuestra cara patria. Dentro de poco...

Yo creo debe hallarse en su poder una carta que le escribió F. S. Este me ha encargado mucho le hable de él, porque tal vez no le escribirá en esta ocasión a causa de hallarse muy irritado, y el escribir le causa una notable alteración en su salud.

Reciba muchas expresiones de mi hermano Tomás, y hágame el favor de dármeselas a Juan Isidro y Pina, tanto de parte de Tomás cuanto de la mía, y a más, dígameles que yo quisiera poder escribirles separadamente a cada uno, pero que en esta ocasión me es imposible porque el buque que debe llevar ésta ha de salir esta noche, y ya son las seis de la tarde.

Y Ud., querido amigo, no dude un punto de la sincera amistad que le profesa su invariable,

Jacinto de la Concha

Carta de Silvano Pujol, a Juan Pablo Duarte, Juan Isidro Pérez y Pedro Alejandrino Pina

Dios, Patria y Libertad
República Dominicana

Carísimos amigos y compatriotas:

Recibid con Ravelo el beso más dulce de la más entrañable amistad y jurad odio eterno a la haitiana gente desde la cuna que os meció hasta los confines de Siberia: Somos libres y marchamos a la Frontera a imponerles el pavor. Que tiemblen ahora y experimenten con rubor nuestra generosidad.

Suyo ad eternitatem

S. Pujol, y como lo deseaba siempre nuestro Juan Isidro, Secretario del Gobierno Provisional.

A Juan Pablo, Juan Isidro y Pedro Pina.
Curaçao

Comentario de la Traductora a la Carta de Silvano Pujol a Juan Pablo Duarte, Juan Isidro Pérez y Pedro Alejandro Pina

He traducido al inglés esta carta de Silvano Pujol a Juan Pablo Duarte y a dos compañeros más del círculo revolucionario que luchó por la independencia dominicana, porque en ella Pujol dice jurar "odio eterno a la gente haitiana", a pesar de la larga tradición de colaboración frecuente, comercio, y asistencia mutua entre los dos pueblos que comparten la isla llamada La Española. Sabía que la población de las dos colonias—una francesa y la otra española—con frecuencia han obrado juntos hacia fines e intereses comunes, y que individuos de ambos países acostumbran cruzar la frontera que los divide, en busca de asilo y ayuda, cuando se ven acosados por enemigos políticos. Por eso me chocó la hostilidad que expresa, en esta carta, un joven idealista y defensor de la libertad. Me sorprendió, también, que tal carta fuera dirigida a Duarte, porque sabía, gracias a los poemas y otros escritos de Duarte, que él no compartía esa actitud beligerante que expresa su buen amigo Pujol, quien no sólo se jugó la vida resistiendo la dominación haitiana, sino que también firmó la declaración de independencia de la República Dominicana, acta que estableció la nación el 16 de enero, 1844.

Al considerar el significado de esta carta, se me ocurrió que constituye un ejemplo de la retórica político-militar que se reconoce por su tono de hombría exagerada, cierto machismo verbal que tiende a demonizar la oposición hasta aceptar como legítima y necesaria la violencia hacia el enemigo del momento, trátese de un soldado en el campo de batalla, la oposición política, o algún miembro de un grupo ajeno y conveniente para enardecer la beligerancia. Infelizmente todavía hacemos lo mismo, olvidando, en el proceso de esa demonización, que hay mejores métodos para tratar con los que no están de acuerdo con nosotros. La retórica amenazante crea, a propósito, distancia entre los litigantes, y los endurece—y ensordece—contra los argumentos del otro, para así poder olvidar que el otro es también un ser humano. Y esa retórica dura que tiende a cortar la comunicación, ¿será verdad que expresa sentimientos genuinos, o se trata, al contrario, de una coraza psicológica contra los sentimientos? Eso no siempre se puede saber.

Lo que sí se sabe es que la retórica que produce la guerra es universal. Aún recuerdo los afiches que colgaban en las paredes de mi escuela primaria durante la Segunda Guerra Mundial, demostrando, con exageración brutal, las facciones duras y crueles del alemán genérico, y los dientes largos y feroces del japonés, cuyos ojos amenazantes nos observaban desde una cara de tono amarillo alarmante. Así nos enseñaron a temer y odiar al enemigo, que dentro de muy pocos años dejaría de serlo. Y lo curioso es el larguísimo tiempo que nos tomó considerar al alemán y al japonés, después de la guerra, sin esa combinación de odio y temor.

Rhina P. Espaillat

Proyecto de Ley Fundamental[30]

PROYECTO DE LEY FUNDAMENTAL

DIOS
PATRIA Y LIBERTAD

Nos los infrascritos, nombrados por los Pueblos, Representantes legítimos de la Nación Dominicana reunidos en augusta Asamblea Legislativa, en el nombre de Dios, Supremo Autor, árbitro y regulador de las naciones, y en uso de las facultades que para ello nos han conferido, visto el proyecto de Ley Fundamental sometido a nuestra consideración por...hemos adoptado y decretamos la siguiente Constitución del Estado.

Capítulo 19

De la Ley

Art. 1° Ley es la regla a la cual deben acomodar sus actos, así los gobernados como los gobernantes.

Art. 2° Para que esta regla merezca el nombre de Ley Dominicana y deba, por tanto, ser acatada y obedecida como tal, es necesario que en la forma que esta Constitución prescribe sea: 1° propuesta por autoridad a quien ella acuerde ese derecho; 2° discutida, adoptada y decretada por el Congreso Nacional (de que se hablará más adelante) como se explicará en su lugar; y 3° sancionada y promulgada por el Poder Ejecutivo, según y como se establece en esta misma Ley Fundamental.

Art. 3° Los tratados internacionales, para que deban ser tenidos por ley internacional deben, además, y antes de su sanción y promulgación por el Poder Ejecutivo, ser ratificados por el Gran Consejo Nacional de que se hablará después.

---

30   Este Proyecto de Ley fundamental apareció publicado en el No. 1 de *Letras y Ciencias* en 1889. En *Clío* en 1935, con motivo del trabajo de ingreso en la Academia de la Historia del Licenciado Emilio Rodríguez Demorizi, que toca en dicho trabajo el Proyecto aludido. Materialmente consiste este documento en un cuadernillo formado con hojas de papel azul marca "Bath" doblados por la mitad, en la dirección de su ancho, cosidas con hilo negro, que hacen un total de diez fojas pequeñas. Casi todas las fojas están cruzadas por rayas diagonales, unas que comprende la foja entera, otras sólo parte de ella. No aparecen estos testados en las fojas 4° y 5°, pero vuelven a aparecer en la 10 y última.

Art. 4º Las ordenanzas municipales, para que tengan fuerza de ley en sus respectivos grandes municipios, deben ser aprobadas por el Congreso Nacional, cual se dirá en la 2a. parte de esta Constitución, cuando se trate del Fuero Municipal.

Art. 5º Los acuerdos, reglamentos etc., de las autoridades, tanto nacionales como municipales o locales tendrán fuerza de ley siempre que el dictarlas esté en el círculo de sus atribuciones y no extralimiten sus facultades.

Art. 6º Siendo la Independencia Nacional la fuente y garantía de las libertades patrias, la Ley Suprema del Pueblo dominicano es y será siempre su existencia política como Nación libre e independiente de toda dominación, protectorado, intervención e influencia extranjera, cual la concibieron los Fundadores de nuestra asociación política[31] al decir (el 16 de julio de 1838) DIOS, PATRIA Y LIBERTAD, REPUBLICA DOMINICANA, y fue proclamada el 27 de febrero de 1844, siendo desde luego, así entendida por todos los Pueblos, cuyos pronunciamientos confirmamos y ratificamos hoy; declarando además que todo gobernante o gobernado que la contraríe, de cualquier modo que sea, se coloca *ipso facto* y por sí mismo fuera de ley.

Art. 7º Toda ley no declarada irrevocable es derogable y también reformable en el todo o en parte de ella.

Art. 8º Para la derogación de una ley se guardarán los mismos trámites y formalidades que para su formación se hubieran observado.

Art. 9º Toda ley no derogada clara y terminantemente se considerará vigente; sin que valga el decir que "ha caducado o caído en desuso", ley que no haya sido derogada.

Art. 10º La ley no puede tener, ni podrá jamás tener, efecto retroactivo.

Art. 11º Ninguno podrá ser juzgado sino con arreglo a la ley vigente y anterior a su delito; ni podrá aplicársele en ningún caso otra pena que la establecida por las leyes y en la forma que ellas prescriban. (12 bis).

Art. 12º Lo que la ley no prohíbe, ninguna persona, sea o no sea autoridad,

---

31 La sociedad secreta La Trinitaria, fundada por Duarte, desarrolló y llevó a cabo la gran hazaña de la independencia (Nota de la traductora).

tiene derecho a prohibirle (véase art. 12 bis).

Art. 13º A la voz de "favor a la ley" todo dominicano, sea o no sea autoridad pública está obligado a acudir al socorro del que invocó el favor de la ley, so pena de ser castigado por su omisión según y como lo dispongan las mismas leyes.

Art. 14º Y con mayor razón si el que invocare el favor fuere agente público todo transeúnte está obligado a prestarle mano fuerte so pena de ser castigado como ya se ha dicho.

Art. 15º La ley es la que da al gobernante el derecho de mandar e impone al gobernado la obligación de obedecer; de consiguiente, toda autoridad no constituida con arreglo a la ley es ilegítima y por tanto no tiene derecho alguno a gobernar ni se está en la obligación de obedecerla.

De la nación dominicana y de los dominicanos

Art. 16º La Nación dominicana es la reunión de todos los dominicanos.

Art. 17º Debiendo ser la Nación dominicana, como se ha dicho en el Art. 6º siempre libre e independiente, no es ni podrá ser jamás parte integrante de ninguna otra Nación, ni patrimonio de familia ni de persona alguna propia y mucho menos extraña.

Art. 16º (sic). La ley así como le niega a la autoridad ilegítima la soberanía *inmanente,* que es la que regula los negocios domésticos, le niega también la *transeúnte,* que es la que representa a la Nación en su correspondencia con los otros Estados; y de consiguiente todo tratado o pacto celebrado por esta autoridad ilegítima es nulo y en ninguna manera obligatorio para la Nación aún cuando lo en él estipulado no hubiera salido de la esfera de las facultades cometidas por las leyes a la autoridad legítima.

De la Nación dominicana

Art. 17º (sic). La Nación dominicana es la reunión de todos los dominicanos.

Art.18º La Nación dominicana es libre (art. 6º) e independiente y no es ni puede ser jamás parte interesante de ninguna otra Potencia, ni el patrimonio de familia ni persona alguna propia ni mucho menos extraña.

Art.19° La soberanía dicha *inmanente* (art. 16°) y la *transeúnte,* reside esencialmente en la Nación; es inadmisible y también inagenable aún para la misma Nación, que usando de ella no acuerde a sus Delegados (que son el gobierno legítimo), sino el derecho de su ejercicio para gobernar en bien con arreglo a las leyes y en bien general de los asociados y de la Nación misma.

Art. *20°* La Nación está obligada a conservar y proteger por medio de sus Delegados y a favor de leyes sabias y justas la libertad personal, civil e individual, así como la propiedad y demás derechos legítimos de todos los individuos que la componen; sin olvidarse para con los extraños (a quienes también se les debe justicia) de los deberes que impone la filantropía.

De los dominicanos

Art. 21° Son dominicanos los que obtienen esta cualidad o por nacimiento o por haber obtenido del Gobierno cédula de nacionalidad con arreglo a la ley.

Los dominicanos por nacimiento son:

1° Aquellos que descendiendo por ambas líneas de padres dominicanos hayan nacido en territorio nacional; o a bordo de buques nacionales en alta mar o surtos en puerto nacional o extranjero, amigo, enemigo o neutral o en territorio extranjero siempre que su ascendente sea agente del Gobierno o se halle fuera del país con licencia de él; y los hijos de éstos.

2° Los nacidos de padre o madre dominicanos en el territorio, buques etc.

3° Los hijos de los extranjeros etc.
Art. 22° Todos los extranjeros naturalizados.

Del territorio nacional

Art. 23° El territorio dominicano, cualesquiera que sean sus límites, se dividirá para su administración en cuanto a lo civil en grandes municipios y éstos en cantones, y éstos en partidos.

En cuanto a lo judicial en juzgados municipales (dichos de circuito) y éstos en juzgados cantonales, y éstos en juzgados de partido.

En cuanto a lo eclesiástico la arquidiócesis se dividirá en tantas vicarías cuanto sean los grandes municipios y éstas en tantas feligresías o parroquias cuantas se tenga por convincente.

En cuanto a lo militar en distritos o comandancias generales y éstos en comandancias de plaza, y éstas en secciones.

En cuanto a la marina se dividirá en departamentos o comandancias generales de marina, éstas en comandancias particulares y éstas en capitanías de puerto.

En cuanto a lo económico o hacienda, en administraciones principales, éstas en delegaciones de hacienda y éstas en subdelegaciones.

En cuanto a sus poblados, en ciudades, villas y aldeas o pueblos o lugares.

Art. 24° Leyes especiales fijarán los límites de estas divisiones y subdivisiones, y determinarán lo concerniente a su organización o gobierno.

De la religión

La religión predominante en el Estado deberá ser siempre la Católica Apostólica, sin prejuicio de la libertad de conciencia, y tolerancia de cultos y de sociedades no contrarias a la moral pública y caridad evangélicas.

Del Gobierno

Art. (sic). Puesto que el Gobierno se establece para el bien general de la asociación y de los asociados, el de la Nación dominicana es y deberá ser siempre y antes de todo, *propio* y jamás ni nunca de imposición extraña bien sea ésta directa, indirecta, próxima o remotamente; es y deberá ser siempre *popular* en cuanto a su origen, *electivo* en cuanto al modo de organizarle, *representativo* en cuanto al sistema, *republicano* en su esencia y *responsable* en cuanto a sus actos. Una ley especial determinará su forma, véase la segunda parte.

Art. (sic). Para la mejor y la más pronta expedición de los negocios públicos se distribuye en Poder Municipal, Poder Legislativo, Poder Judicial y Poder Ejecutivo.

Art. 2º (sic). Estos poderes llámanse constitucionales porque son y habrán siempre de ser constituidos, so pena de ilegitimidad, con arreglo a la constitución y no de otra manera.

Disposiciones Generales

Art. Una vez de promulgada la ley en los lugares respectivos se supone sabida de todos y es, por tanto, obligatoria para todos.

Art. Se prohíbe recompensar al delator y al traidor por más que agrade la traición y aún cuando haya justos motivos para agradecer la delación.

Nota: Acerca de la inamovibilidad de los jueces y de otros funcionarios públicos se hablará en la segunda parte.

Art. 12º bis. La ley, salvo las restricciones del derecho, debe ser conservadora y protectora de la vida, libertad, honor y propiedades del individuo.

Art. 13º Cuando por efecto de una ley de reconocida utilidad pública le redundare a un tercero daño o perjuicio, la equidad natural ordena que se le acuerde y se le acordará una indemnización que compense el daño redundado.

Art. 13º bis. Ninguno podrá ser juzgado en causas civiles ni criminales por ninguna comisión sino por el tribunal competente determinado con anterioridad por la ley.

1º Ningún poder de la tierra es ilimitado etc., ni el de la ley tampoco.

2º Todo poder dominicano está y deberá estar siempre limitado por la ley y ésta por la justicia, la cual consiste en dar a cada uno lo que en derecho le pertenezca.

3º Toda ley supone una autoridad de donde emana y la causa eficiente y radical de ésta es, por derecho inherente esencial al pueblo e imprescriptible de su soberanía, en virtud de cuyos poderes sus Delegados reunidos en Congreso Asamblea legislativa establecen la regla que viene a llamarse ley.

Oficio en el cual el Padre de la Patria designa al Coronel Manuel Rodríguez Objío Jefe de su Estado Mayor

Dios, Patria y Libertad
República Dominicana

No. 2
Juan Pablo Duarte, Decano de los Fundadores de la República, Primer General en Jefe de etc.-Al Señor Coronel Manuel Rodríguez Objío.

Compañero y amigo: Por la presente queda hecho usted cargo de la jefatura de mi Estado Mayor como también de la Secretaría. En uno y en otro encargo contamos, como siempre, con su acreditada fidelidad y adhesión. Saludándole fraternalmente.

Al pie de la Montaña en el Valle de la Perseverancia
14 de diciembre de 1863 y 20 de la Independencia y 1º de la Restauración.

Carta de Juan Pablo Duarte a Pedro Alejandrino Pina, 25 de diciembre, 1863

Dios, Patria y Libertad
República Dominicana

No. 3

Señor Coronel Pedro Alejandrino Pina
Cumarebo.[32]

Compañero y amigo:

Hasta la fecha le llevo escritas tres cartas en contestación a la que usted se sirvió dirigirme de esa; y en la última de ellas le anunciaba mi ida a ese punto con solo el objeto de verle y hablar con usted; pero he aquí que se ha presentado la ocasión del Mapararí para transportarme allá y no puedo aprovecharla por estar enfermo; por esta razón le envío la presente que entregará en sus manos su portador el Señor Coronel Manuel Rodríguez Objío, mi Secretario y Jefe de Estado Mayor, a quien expresamente le envío cerca de usted. Este Señor mi enviado le podrá a usted decir a la voz cuanto se ha hecho, se está haciendo y puede hacerse en obsequio de la augusta y santa causa de nuestra amada Patria, y al mismo tiempo la necesidad imperiosa en que estamos de aproximarnos, sobre todo usted y yo, para que podamos entendernos y tomemos de consuno aquellas medidas que nos parezcan las más conducentes al logro de nuestra santa empresa. Recomiendo a usted muy eficazmente, aunque me parece que esto está de más, la persona de nuestro comisionado el Señor Coronel Rodríguez que es el joven de quien le tengo a usted hablando anteriormente y creo que sabrá atraer sus simpatías como se ha atraído las mías. Por lo demás no dudo que a la vuelta del Mapararí tenga yo el placer de ver entrambos en ésta para bien de la Patria que es el bien de nosotros mismos.

Dios guarde a usted...
Caracas 25 de diciembre de 1863

---

32   Cumarebo, Venezuela. Duarte estaba en Venezuela cuando le llegó esta triste noticia. Partió inmediatamente para Caracas al comienzo de la Guerra de la Restauración. Muchos lo creían muerto. Ver *Apuntes de Rosa Duarte*. (Nota del traductor)

Carta credencial en favor de Manuel Rodríguez Objío.

Dios, Patria y Libertad
República Dominicana

Caracas diciembre 25 de 1863.

No. 4.

Señor Coronel Manuel Rodríguez Objío.
Presente.

Compañero y amigo:

La presente le servirá a usted de credencial que le acredite como comisionado nuestro, y en calidad de tal pase a Coro a verse, según hemos convenido, con nuestro compañero y muy querido amigo el ciudadano Pedro Alejandrino Pina, a quien comunicará usted el objeto de su comisión, ciñéndose a las instrucciones recibidas.

Oficio que ordena a Manuel Rodríguez Objío presentar los respetos del Padre de la Patria al Mariscal Falcón.[33]

Dios, Patria y Libertad.
REPÚBLICA DOMINICANA.

Caracas diciembre 25 de 1863.

No.5

Señor Coronel Rodríguez Objío.
Presente.

La presente le servirá a usted para que en mi nombre y representación ofrezca mis respetos al Gran Ciudadano Mariscal de los Ejércitos y Presidente de Venezuela, felicitándole por el tan elevado cual merecido honor con que su ilustre Patria ha sabido premiar sus eminentes servicios, concluyendo por saludarle fraternal y cordialmente, deseándole mil felicidades para el año entrante.

---

33 La anexión de Santo Domingo a España y la Restauración fueron sincrónicas con lo que en Venezuela se conoce con el nombre de Guerra de la Federación, de la cual fue corifeo principal Juan Crisóstomo Falcón, el Gran Mariscal. En el 1863, tuvo efecto el Convenio de Coche por el cual oligarcas y federalistas hicieron paces y vino al poder Falcón. Cinco años duró la Guerra de la Federación. Fue dura, sangrienta, y dejó al país en mal estado. Ya lo apunta Pedro Alejandrino Pina en su carta de La Vela de Coro. (Versión completa en *Apuntes de Rosa Duarte*)

Nota de la Traductora

Aún cortas, las cartas al Coronel Manuel Rodríguez Objío y el Coronel Pedro Alejandrino Pina de *Apuntes de Rosa Duarte* forman una imagen precisa de Duarte como un líder durante una época de confusión personal y nacional – y nos presentan un hombre al cuál confió el futuro de la patria. Escritas por Duarte durante su quebranto, estas cartas honran al Coronel Manuel Rodríguez Objío con el título de Secretario y Jefe de Estado Mayor, y lo despachan a Venezuela como representante oficial de Duarte.

Cuando contamos las historias nacionales, muchas veces abreviamos la lista de personajes que *importan más* – estos llegan a ser nuestros protagonistas, los héroes nacionales, entre los cuales Duarte definitivamente se cuenta. Sin embargo, así como las personas y las ideas que nos rodean influencian nuestras vidas, los muchos personajes sin nombre en una historia nacional tallan sus marcas en nuestro futuro.

Estas cartas constituyen una breve ojeada hacia un evento que fácilmente se olvidaría en nuestra versión compendiada de la historia: en diciembre del 1863, Duarte se enfermó y traspasó su poder a su secretario, Coronel Objío. Por un breve período, Objío fue el representante de confianza del Ministro Plenipotenciario, negociando con líderes internacionales y tomando decisiones en nombre de Duarte. Desafortunadamente, poca información existe sobre el hombre a quien Duarte le confió las riendas de su amada patria.

Manuel Rodríguez Objío nació el 19 de diciembre del 1838 en "la más vieja ciudad americana,"[34] según Ramón Lugo Lovatón, autor de una de las pocas biografías sobre la vida del joven coronel. Objío, el primer hijo de Andrés Rodríguez y Bernarda Objío, logró el rango de coronel rápidamente. Tenía solo veinticuatro años cuando Duarte lo nombró Jefe de Estado Mayor. Los lectores de este capítulo pueden notar que los eventos que Duarte trata ocurrieron cerca del tiempo del cumpleaños vigésimo quinto de Objío.

Esta colección de cartas, y la breve biografía que las acompaña humildemente, intenta recordarle al lector que aunque quizás no podemos encontrar "la verdad" en la historia, nuestra historia se anima y se ilumina si nos detenemos para observarla desde los ángulos menos tradicionales. En la historia, no hay personajes insignificantes.

Sherill-Marie Henríquez

---

34   Lovatón, Ramón Lugo. *Manuel Rodríguez Objío (poeta, restaurador. historiador, mártir)*. Editora Montalvo: "Ciudad Trujillo," R.D. 1951 p. 14

Carta al General Antonio Guzmán Blanco en relación con la entrega de mil pesos debidos a la munificencia del Mariscal Falcón

Al Ciudadano General Antonio Guzmán Blanco,
Vicepresidente de la Federación Venezolana.
Presente. Particular.

Ciudadano General:

El Coronel Manuel Rodríguez Objío está autorizado para recibir la cantidad de mil pesos que la munificencia del General Ciudadano Mariscal Presidente Juan Crisóstomo Falcón se sirvió acordar a mi solicitud.

Con sentimientos de la más profunda gratitud logro la dicha de suscribirme etc... firmado--*Gl. Drt.* Caracas 19 de enero de 1864.

Carta a Blas Bruzual en relación con el donativo de mil pesos del Mariscal Falcón

Señor don Blas Bruzual.[35] -Presente.

Mi estimado amigo: Logro la dicha de contestar a su muy apreciable fecha 16 de los corrientes diciéndole que su anuncio verificóse ayer en todas sus partes, pues recibí los consabidos mil pesos de que en ella me habla. No hay palabras en lengua alguna bastantes significativas para expresar nuestra gratitud. Esperando, con toda la fe del carbonero, el poder demostrárosla algún día. Sea la presente, mientras tanto, un testimonio de ella. Saluda a usted con amistad su muy afectísimo *Gl. Drt.*

Adición: La fecha de su carta coincide con el 16 de enero de 1843 en que se levantó Riviére en los Cayos contra la administración Boyer, en cuya caída también tuvo usted su parte ¿qué querrá decir esta coincidencia?

Caracas 21 de enero de 1864, 21 de la Independencia y 1º de la Restauración.

---

35   Blas Bruzual contribuyó a la guerra restauradora, en su cargo de ministro de Venezuela en Washington. El Gobierno de Santiago en fecha 21 de setiembre de 1864 libró un decreto que daba un voto de gracias (véase Colección de Leyes y Decretos tomo IV) a Blas Bruzual y al Doctor Felipe Larrazábal por servicios que voluntariamente habían prestado a la causa dominicana.
El Decreto fue entregado al Doctor Larrazábal por el Doctor Melitón Valverde, representante con Duarte, del Gobierno de Santiago en Venezuela.
Larrazábal puso a disposición de la Restauración su periódico *El Federalista* y su pluma en editoriales y crónicas que mantenían el interés por la guerra contra España. (Véase nuestro trabajo "La República Dominicana y el Doctor Felipe Larrazábal" en *Clío*, Núm. 35, junio 1939.)

Carta de Duarte al Capitán David León

Oficio donde se designa al Capitán David León Agente secreto.

Dios, Patria y Libertad.
REPÚBLICA DOMINICANA.
Restauración Dominicana.

Al Capitán David León.

Compañero y amigo:

Visto el entusiasmo y espontaneidad con que usted, como buen dominicano, ofrece sus servicios a la santa causa de la *Restauración dominicana* y haciendo honor a los patrióticos sentimientos que le animan, he venido en nombrarle y le nombro *Agente secreto* en el lugar de su residencia, para que desplegando su actividad con toda la circunspección que requieren las circunstancias haga cuanto esté a sus alcances en favor del triunfo de nuestra santa causa que Dios y la República Dominicana sabrán premiar sus servicios.

Ya usted está en cuenta de los otros agentes a quienes podrá dirigirse cuando lo tenga a bien, y en lo demás se ceñirá a las instrucciones que verbalmente le hemos dado. El *Gl. Drt.*- Al pie de la Montaña en el valle de la Perseverancia. Enero 29 de 1864, 21 de la Independencia y 2º de la Restauración.

Nombramiento del comandante Alejandro Gazán[36] como Canciller de la Agencia de Curaçao

Copia del Nombramiento de Canciller de la Agencia de Curaçao, a saber: Dios, Patria y Libertad. República Dominicana.-Restauración dominicana.- Agencia Confidencial de Curaçao y demás...

Al Comandante Alejandro Gazán.-En Virtud de la facultad que al nombrarme Agente Confidencial de la Restauración Dominicana me confiriera el Decano de los Fundadores de la República señor general Duarte, he venido en nombrarle y le nombro Canciller de esta Agencia, contando siempre con la fidelidad y adhesión que todo buen dominicano debe a la justa y santa causa de nuestra querida patria. Dios guarde etc.- Curaçao febrero 8 de 1864, 21 de la Independencia y 2º de la Restauración.-firmado Francisco Saviñón.-Visto y aprobado.

—El *Gl*. Drt. —Al pie de la Montaña en el valle de la Perseverancia. Febrero 23 de 1864, 21 de la Independencia y 2º de la Restauración.

---

36   Es Alejandro Eugenio Gazán, hijo de Juan María Eugenio Gazán y Marie Elizabeth Nouel, nació alrededor de 1830 y murió en 1874. Casó en 1851 con María Francisca Sardá, hija de Francisco Sardá y Florentina Román. Su descendencia es poca, y por la línea femenina: Valverde-Cazán, Valverde-Castillo.

Carta del Padre de la Patria al Gobierno de Santiago participando su llegada al suelo natal y poniéndose a sus órdenes[37]

Guayubín, marzo 28 de 1864, y 21 de la Independencia.

Señores Individuos del Gobierno Provisorio.
En Santiago.

Arrojado de mi suelo natal por ese bando parricida que empezando por proscribir a perpetuidad a los fundadores de la República ha concluido por vender al extranjero la Patria, cuya independencia jurara defender a todo trance; he arrastrado durante veinte años la vida nómada del proscrito, sin que la Providencia tuviese a bien realizar la esperanza, que siempre se albergó en mi alma, de volver un día al seno de mis conciudadanos y consagrar a la defensa de sus derechos políticos cuanto aún me restase de fuerza y vida.

Pero sonó la hora de la gran traición en que el Iscariote creyó consumada su obra, y sonó también para mí la hora de la vuelta a la Patria: el Señor allanó mis caminos y a pesar de cuantas dificultades y riesgos se presentaron en mi marcha, heme al fin, con cuatro compañeros más,[38] en este heroico pueblo de Guayubín dispuesto a correr con vosotros, y del modo lo que tengáis a bien, todos los azares y vicisitudes que Dios tenga aún reservados a la grande obra de la Restauración Dominicana que con tanto denuedo como honra y gloria habéis emprendido.—Creo, no sin fundamento, que el Gobierno Provisorio no dejará de apreciar luego que me comunique con él personalmente lo que he podido hacer en obsequio del triunfo de nuestra justa causa, y espero de su alta sabiduría que sacará de ello importantes y positivos resultados.

Dignaos aceptar los sentimientos de la consideración y aprecio con que se pone a vuestras órdenes el *Gl. Drt.*

---

37   Esta carta aparece casi íntegra en José Gabriel García, *Compendio de la Historia de Santo Domingo,* tomo III, página 506. (Santo Domingo: Impr. de García hermanos, 1893-1906).
38   Estos cuatro compañeros fueron, Mariano Díez, tío del Padre de la Patria, Vicente Celestino Duarte, que murió en la guerra restauradora, Manuel Rodríguez Objío y el venezolano Candelario Oquendo. Don Mariano Díez, había nacido en el Seibo el 24 de septiembre de 1794, era pues un anciano de 70 años cuando hizo esta ofrenda a la Patria. No regresó con Duarte a Venezuela cuando éste salió en misión especial. Este hecho parece, no ha sido bien ponderado por la posteridad, como otros muchos alrededor de estas ilustres familias, Duarte y Díez.

Carta al Gobierno Provisorio en la cual el Padre de la Patria avisa su llegada a Saint Thomas y el haberse puesto de acuerdo con su compañero de misión don Melitón Valverde.

Al Gobierno Provisional de la República Dominicana.

Señor:

Llegado a este punto el 28 del próximo pasado mes de junio mi primera diligencia fue acercarme al Señor don Melitón Valverde, cual debía esperarse, y hube de tener la satisfacción de hallarle dispuesto a coadyuvar en cuanto le fuese posible al triunfo de la Restauración Dominicana siguiendo, cual yo, en todo y por todo vuestras órdenes. El día 29 habríamos partido para el primero de los puntos en donde hemos de dar comienzo al desempeño de nuestra comisión, si razones que no son para escritas no nos lo hubieran impedido. Además esperábamos el vapor inglés que llegó ayer de Europa y en él un personaje con el cual debemos tener la primera entrevista. Si logramos concluir satisfactoriamente un negocio a que hemos dado principio hace dos días, de seguro partiremos juntos mañana para el primero de los sobreentendidos puntos; y de no, tal vez parta yo solo a procurar, lo primero, los medios que hacen falta para que mi colega me siga, pues no querría en asunto de tan alta importancia hacer nada sin consultarlo antes con él, que ha merecido con sobra de justicia, toda vuestra confianza.

No entraré en otros detalles sobre los cuales me refiero al contenido de la que el señor don Melitón Valverde le tiene escrita al Ministro de Relaciones Exteriores fecha 1o. del que cursa.

Con sentimientos de la más pura amistad se suscribe vuestro obsecuente servidor. El *Gl. Drt.*

Saint Thomas julio de 1864.

Oficio de Juan Pablo Duarte que responde a varias comunicaciones del Gobierno de Santiago, emite juicios sobre el curso de los acontecimientos, los destinos de la patria y señala su posición radicalmente nacionalista

REPRESENTACION DE LA REPUBLICA DOMINICANA EN VENEZUELA

Caracas, marzo 7 de 1865
Señor Ministro de Relaciones Exteriores.

Acuso a usted recibo de sus comunicaciones Nos. 2, 4, 3, 10, 13, 31, 37, 53 y paso a contestar sobre los particulares que encierran.[39]

Por la N°2, fecha 17 de octubre próximo pasado, quedé impuesto del cambio que se había efectuado en el personal del Gobierno, y de cómo este cambio hubo lugar sin el menor conflicto; pero la memoria y nota bien explícitas que debía acompañarla, aun no la he recibido.

Por la fecha 18 del mismo, N° 4, veo con dolor la ansiedad con que se aguarda en esa el cumplimiento de lo tantas veces prometido por personas de crédito; pero si vale decir verdad, éstas como que no tienen hoy toda la independencia que ayer tenían.

Contestando a la del 13 de octubre N° 6 en que se me dice así: "de orden del Gobierno Superior usted permanecerá en Caracas como Representante suyo, a fin de que cuando el Señor Valverde se ausente para pasar a Nueva Granada quede siempre representada la República Dominicana de una manera digna en la de Venezuela. Confía el Gobierno a su patriotismo la prosecución de los pasos iniciados cerca de aquel Estado y espera que ellos darán un resultado feliz".

No puedo menos que decir a usted que mis poderes finalizaron, con el cambio ocurrido el 17 de octubre próximo pasado, como Ministro Plenipotenciario de la República Dominicana, etc., y que esta su nota no basta por sí sola para rehabilitarme, pues le falta lo principal, que es la firma de mi constituyente, que al presente lo es el General Gaspar Polanco como

---

39   El oficio 10 no aparece en el archivo de Duarte. Trataba de la conducta del Gobierno para con los traidores. Debe referirse al Decreto No. 807 que corre inserto en *la Colección de Leyes y Decretas*, tomo IV, página 316, ed. 1927.

Presidente del Gobierno Provisorio, y esto es de derecho de gentes por el cual cesando el poder del Ministro por la muerte del constituyente, es preciso que sea acreditado de nuevo por el sucesor, y lo que puede hacerse por medio de la carta misma de notificación que el sucesor escribe dando parte de la muerte de su predecesor. Esto no obstante no he dejado ni dejaré de trabajar en favor de nuestra santa causa haciendo por ella, como siempre, más de lo que puedo, y si no he hecho hasta ahora todo lo que debo y he querido, quiero y querré hacer siempre en su obsequio, es porque nunca falta quien desbarate con los pies lo que yo hago con las manos.

Por la nota del 26 de octubre N°10, quedo impuesto de las razones del Gobierno respecto de su conducta con los traidores, y no puedo menos que decir a usted que mientras no se escarmienten a los traidores como se debe, los buenos y verdaderos dominicanos serán siempre víctimas de sus maquinaciones: el Gobierno debe mostrarse justo y enérgico en las presentes circunstancias o no tendremos Patria y por consiguiente ni libertad ni independencia nacional.

Respecto al contenido de la nota fechada 4 de noviembre próximo pasado N° 13 diré: que antes de mi salida de ese punto ya oía yo decir lo que se me pregunta: pero por más que he procurado indagar la verdad del hecho, aquí y en los demás puntos por donde he pasado, no me ha sido posible sacar nada en limpio; pero no lo dudo, vista la iniquidad de nuestros enemigos.

He dado cumplimiento a lo que se me ordena en la nota fecha 23 de noviembre próximo pasado N° 31, con relación a los dominicanos que aún se hallan fuera del territorio.

Por la nota fecha 10 de diciembre próximo pasado N°37 veo que la memoria que se me anunció (por la número 2) no me ha sido remitida por haber continuado hasta hoy las negociaciones relativas a la paz con España, bien que por intermedio del General Geffrard.[40] ¡Quiera Dios que estas

---

40   Estos proyectos de paz los tratan las historias y no se llevaron a efecto, como se sabe. Sin embargo tuvieron funestas consecuencias para el Presidente al dar pábulo a su perdición, pues se le imputó debilidad y transaccionismo frente al enemigo. Pretexto quiere el crimen.

Parece que la iniciativa de interesar la mediación de Geffrard partió también de La Gándara: "Llevaba también el coronel Van Halen el encargo de avistarse con el Presidente Geffrard... trataron de sondear la disposición de su ánimo y hacerle insinuaciones en caso conveniente, de que nos prestara su indirecta cooperación para llevar a buen término el arreglo que tenían entre manos. (Carta de 24 de octubre de 1864 a Fernando Fernández de Córdoba). *(Diario de sesiones, Documentos relativos a la cuestión de Santo Domingo, etc.).*

paces y estas intervenciones no terminen (cual lo temo, y tengo más de un motivo para ello), en guerras y en desastres para nosotros, o mejor diré, para todos! Usted desengáñese, Señor Ministro, nuestra Patria ha de ser libre e independiente de toda Potencia extranjera o se hunde la isla.

En consecuencia con lo que por su nota fecha 27 de diciembre próximo pasado N° 53 se me encarga con respecto al Gran Congreso Americano (en Lima) acerquéme al Cónsul de la República Peruana cerca de ésta, a fin de ver si, como usted me dice, podía obtener fuese reconocida la República Dominicana, no ya como parte beligerante sino como poder independiente, de cuya demanda se me quedó muy admirado el Señor Cónsul, por lo cual insisto en pedir a usted la memoria que se me tiene ofrecida, esto es, siempre que el Gobierno se sirva acreditarme de nuevo como Ministro de la República fuera de ella.

Respecto a la misión de que vine encargado diré: que el General Candelario Oquendo me encontró en Coro tratando sobre el particular, el General pasó a Caracas en diciembre y yo salí más tarde, es decir el 3 de enero, creyendo de positivo que iba al fin a ver realizadas tantas promesas; ¿y por qué no lo había de creer cuando el ciudadano Gran Mariscal en presencia del General P. me despide con estas halagüeñas palabras: "Vaya usted con el General y le aseguro que usted quedará complacido, él lleva mis órdenes"?; pero llegamos a Caracas y el Señor Vicepresidente se niega redondamente a darle cumplimiento. No obstante he recibido trescientos pesos sencillos de los cuales he suplido $100.00 al General Oquendo que partirá mañana para ésa siendo el portador de ésta. El General instruirá a usted en los pormenores de esa farsa y de los personajes que juegan en ella el principal papel. El dirá a ustedes que Venezuela no tiene nada que envidiarle a Santo Domingo en cuanto a intervenciones, a anexionismos, a traiciones, a divisiones, a ansiedades, a dudas, a vacilaciones, en cuanto a malestar, en fin, de todo género y de todos los calibres.[41]

Mucho se habla en Europa y en América sobre el abandono de la isla de Santo Domingo por parte de España y aún hay quien lo afirme como si estuviera en el secreto de los gabinetes; otros opinan que el abandono no

---

41   Los manes venerandos del Padre de la Patria nos perdonen, pero, cabe un ligero disentimiento en lo de "anexionismo". En todo lo demás, de acuerdo. Santo Domingo y Venezuela tienen hechos histórico comunes, pues son sociedades de origen común, pero en este país el anexionismo no ha tenido prácticamente cabida. Al menos que Duarte se refiera a ideas de anexión nacida en la mente de algún político, que no conocemos.

será total sino a reserva de quedarse con la península de Samaná, que es lo mismo (en mi opinión) que aplazar la ocupación total para tiempo más oportuno. Pero sea el abandono total o parcial, y digan lo que quieran sobre el particular, los amigos o enemigos de la República Dominicana y aun los de la España, este abandono me parece una conseja con que entretener a los crédulos y con la cual se pretende adormecer a los dominicanos y aun al Gobierno para caer repentinamente sobre nuestro suelo y como caerá el ejército expedicionario que al efecto se organiza en España: no hay, pues, que dormirse, y en vez de ponerse a creer en paparruchas, el Gobierno debe tomar sus medidas para recibir al enemigo que según se dice atacará por tres puntos diferentes, si ya no es que sea (digo yo) por cuatro, y los cuales (supongo) deberán ser Montecristi, Puerto Plata, Samaná y el Sur. El ejército se exagera hasta el número de treinta mil hombres; pero a no ser que se lleven otras miras además de la ocupación de Santo Domingo, este ejército no puede ser mayor que de doce a quince mil hombres.[42]

Aún hay más: Báez dizque dice en Curaçao (a mí no me lo ha dicho, pues no lo he visto), que en el Cibao se trata de una nueva anexión a los Estados Unidos, y que esto los hace estar tan orgullosos: otros suponen un partido haitiano y aún hay quien hable de uno afrancesado; de aquí proviene acaso que los periódicos extranjeros, que en realidad no están muy al cabo de nuestras cosas, afirmen (sin ser cierto) que en Santo Domingo hay cuatro o más partidos y que el Pueblo se halla como si dijéramos en batalla: esto es falso de toda falsedad; en Santo Domingo no hay más que un pueblo que desea ser y se ha proclamado independiente de toda potencia extranjera, y una fracción miserable que siempre se ha pronunciado contra esta ley, contra este querer del pueblo dominicano, logrando siempre por medio de sus intrigas y sórdidos manejos adueñarse de la situación y hacer aparecer al pueblo dominicano de un modo distinto de cómo es en realidad; esa fracción o mejor diremos esa facción ha sido, es y será siempre todo menos dominicana; así se la ve en nuestra historia, representante de todo partido antinacional y enemigo nato

---

42 Como se demostró la desocupación no era una conseja, pero sí fue cierta la idea de una expedición organizada en España, y algún entendido creía que con 10,000 hombres bastaban. Los puntos de ataque eran los mismos que apuntó Duarte. Pero estos preparativos, mejor estos propósitos, se detuvieron por real orden de fecha 13 de octubre en vista de los proyectos de arreglo que quería La Gándara, quien creía que su primer deber era conseguir con la paz, aunque ésta lo era a base de sumisión, casi de rendición incondicional. El Gobierno no quería resolverse a expedición alguna sin consultar a las Cortes, de ahí que sometiera para edificarse, el asunto a la Junta de Guerra, la cual en 12 de enero 1865, votó por la evacuación total de Santo Domingo.

por tanto de todas nuestras revoluciones: y si no, véase ministeriales en tiempo de Boyer, y luego rivieristas, y aún no había sido el 27 de Febrero cuando se le vio proteccionistas franceses, y más tarde anexionistas americanos y después españoles y hoy mismo ya pretenden ponerse al abrigo de la vindicta pública con otra nueva anexión, mintiendo así a todas las naciones la fe política que no tienen, y esto en nombre de la Patria! Ellos que no tienen ni merecen otra patria sino el fango de su miserable abyección. Ahora bien, si me pronuncié dominicano independiente, desde el 1º de julio de 1838, cuando los nombres de Patria, Libertad, Honor Nacional se hallaban proscriptos como palabras infames, y por ello merecí (en el año del 43) ser perseguido a muerte por esa facción entonces haitiana y por Riviére que la protegía, y a quien engañaron; si después en el año de 44 me pronuncié contra el protectorado francés decidido por esos facciosos y cesión a esta Potencia de la Península de Samaná, mereciendo por ello todos los males que sobre mí han llovido; si después de veinte años de ausencia he vuelto espontáneamente a mi Patria a protestar con las armas en la mano contra la anexión a España llevada al cabo a despecho del voto nacional por la superchería de ese bando traidor y parricida, no es de esperarse que yo deje de protestar (y conmigo todo buen dominicano) cual protesto y protestaré siempre, no digo tan sólo contra la anexión de mi Patria a los Estados Unidos, sino a cualquiera otra potencia de la tierra, y al mismo tiempo contra cualquier tratado que tienda a menoscabar en lo más mínimo nuestra Independencia Nacional y cercenar nuestro territorio o cualquiera de los derechos del Pueblo Dominicano.

Otrosí y concluyo: visto el sesgo que por una parte toma la política franco-española y por otra la anglo-americana y la importancia que en sí posee nuestra isla para el desarrollo de los planes ulteriores de todas Cuatro Potencias, no deberemos extrañar que un día se vean en ella fuerzas de cada una de ellas peleando por lo que no es suyo. Entonces podrá haber necios que por imprevisión o cobardía, ambición o perversidad correrán a ocultar su ignominia a la sombra de ésta o aquella extraña bandera y como llegado el caso no habrá un solo dominicano, que pueda decir yo soy neutral sino que tendrá cada uno que pronunciarse contra o por la Patria, es bien que yo os diga desde ahora, (más que sea repitiéndome) que por desesperada que sea la causa de mi Patria siempre será la causa del honor y que siempre estaré dispuesto a honrar su enseña con mi sangre.

Debo advertir que las comunicaciones o impresos llegan a mí en gran manera tardíos, de donde viene que mis contestaciones lo sean igualmente, por lo cual sería de desear que el Agente de Saint Thomas fuese un dominicano a todas luces y que se me hiciese conocer; en cuanto a Curaçao el Señor Francisco Saviñón me las remitirá acto continuo. Al General Manuel Rodríguez Objío, Ministro de Relaciones Exteriores.- Dios y Libertad.

Aumento a la precedente fecha 7 de marzo de 1865 escrita al ex-Gobierno Polanco.

Somos 22 de marzo de 1865. —Señor Ministro. — La precedente es copia de la escrita a aquel Gobierno que ratifico y ahora añado que el día 20 del que cursa recibí las comunicaciones de usted N°2 fecha 2 de febrero próximo pasado y N°9 fecha 16 del mismo.

Por el contenido de la primera y los impresos que la acompañaban quedé impuesto del nuevo cambio del Gobierno ocurrido el 23 de enero próximo pasado.

Por la segunda se me ordena recoger los poderes dados al General Candelario Oquendo por el Gobierno anterior y notificarle copia del emplazamiento incluso en ella; esto haré tan luego como yo sepa en dónde para, pues él (cual lo anuncio en mi precedente) partió de aquí el 8 de marzo y hasta el presente no he recibido carta ni noticia de él.

Dios y Libertad.

Carta en la cual se agradecen las atenciones dispensadas a Mariano Díez y se recomiendan para Vicente Celestino Duarte

PLENIPOTENCIA DE LA
REPUBLICA DOMINICANA
Dios, Patria y Libertad
Caracas, marzo 7 de 1865.

Estimado General y amigo:

Sin ninguna que contestarle tomo la pluma para dirigirle la presente, demostrándole antes de todo mi agradecimiento por las atenciones que le ha merecido a usted mi muy querido tío el Señor Coronel Mariano Díez, venerable anciano que a pesar de su edad, y achaques a través de mil inconvenientes corrió a ofrecer en las aras de su Patria lo poco o mucho que aún le resta de vida sacrificando sus propios intereses a los intereses generales de la Patria. Cuente usted, General, con nuestra gratitud.

Las consideraciones que ha merecido a usted nuestro tío, me hacen tomarme la libertad de recomendarle igualmente a mi muy querido hermano, Señor Don Vicente Duarte que fue también con nosotros a prestar como debía sus servicios a nuestra santa causa y se halla hoy, según creo, en la Sub-delegación de Hacienda de San José de Los Llanos.

Por la comunicación que dirijo al Ministerio de Relaciones Exteriores se impondrá usted del Estado en que se encuentra este país; con respecto al nuestro, y el General Oquendo le instruirá particularmente de las causas y concausas que ha habido para que mi comisión cerca de este Gobierno no haya tenido mejores resultados.

Carta de Duarte a Álvaro Fernández

Curaçao, Marzo 23 de 1865.

Señor Álvaro Fernández,
Saint Thomas.

Muy señor nuestro: adjunto a la presente remito a usted un pliego para el Ministerio de Relaciones Exteriores de la República Dominicana y al cual se servirá darle dirección de manera que llegue a sus manos lo más pronto posible.

Sírvase decirme si se encuentra en esa el Señor General Oquendo, pues tengo algo que comunicarle de la parte del Gobierno y no sé en dónde se halla.

Saluda a usted, etc.

Comentario del Traductor de "Carta de Duarte a Álvaro Fernández"

Los luchadores de la libertad generalmente se veneran por luchar durante momentos difíciles. En el caso de Duarte, él fue uno de los arquitectos principales que llevó a un grupo de hombres y mujeres rebeldes hacia la independencia dominicana. Luchó con diligencia para conceder la independencia dominicana para sus hermanos y hermanas. Su carta a Álvaro Fernández demuestra su inalcanzable compromiso con la República Dominicana, hasta en el exilio.

Nelson Santana

Oficio al General Candelario Oquendo respecto de la acusación de que ha sido objeto por el Gobierno de Santiago

PLENIPOTENCIA DE LA
REPUBLICA DOMINICANA
Dios, Patria y Libertad

República Dominicana, Caracas 26 de marzo de 1865.-22-3.[43]

Señor General:

El día veinte del actual recibí una comunicación cuyo tenor es el siguiente: "Dios, Patria y Libertad. Santiago de los Caballeros, 16 de febrero de 1865.- No. 9.- Sección de Relaciones Exteriores.- Señor General: El infrascrito Ministro Secretario de Estado del Despacho de Relaciones Exteriores tiene el honor de manifestar a usted que se le ha comunicado por la Junta Superior Gubernativa, el oficio del Señor Ministro de la Guerra y la resolución de esa superioridad, que a continuación copio: "Resultando del sumario que está instruyendo la Comandancia de Armas de esta plaza, para averiguar la muerte violenta, con circunstancias agravantes, dada al benemérito General José Antonio Salcedo, en la línea de Puerto de Plata, a principios del mes de noviembre del año pasado, que el General Candelario Oquendo, ex-miembro del Gobierno Provisorio y actualmente fuera del país, aparece complicado en dicho hecho.

Suplico a esa H. H. Junta Superior Gubernativa, tenga a bien ordenar su comparecencia ante dicho Juzgado, con la prontitud posible, a fin que responda a los cargos que se le hagan.- firmado.- El Ministro de la Guerra *Pedro G. Martinez* ".- "Junta Superior Gubernativa.- Pase esta requisitoria al Ministerio de Relaciones Exteriores, para que éste haga comparecer al General Oquendo, acusado de complicidad en el hecho a que se refiere dicha requisitoria; a quien notificará además que le quedan retirados los poderes de que estaba revestido, y que le fueron conferidos como Ministro Plenipotenciario de esta República.- Santiago, 15 de febrero de 1865.- (firmados) El Presidente.- *Benigno F. de Rojas.-* El Ministro de lo Interior y *Policía.-Vicente Morel.-* Por cuyo motivo la Junta Superior Gubernativa ha determinado cancelar los poderes que había conferido al General Candelario

---

43   Año 22 de la Independencia y 3° de la Restauración.

Oquendo hijo, como Ministro Plenipotenciario de la República, en la de Venezuela, etc., en cuya virtud se servirá usted recoger dichos poderes, notificándole copia del emplazamiento incluso al predicho General Oquendo hijo.- Dios y Libertad -. El Ministro Secretario de Estado del Departamento de Relaciones Exteriores.- *T. S. Heneken.*- Señor General Juan Pablo Duarte, Ministro Plenipotenciario de la República.- Caracas".

Ahora bien, en contestación a lo que antecede, dige al Ministerio con fecha 22 del que cursa, lo que sigue: "Por la segunda (comunicación) se me ordena recoger los poderes dados al General Candelario Oquendo hijo por el Gobierno anterior y notificarle copia del emplazamiento incluso en ella, esto haré tan luego como yo sepa en donde para, pues él (cual lo anuncié en mi precedente) partió de aquí el 8 de marzo y hasta el presente no he recibido carta ni noticia de él".

Todo lo cual (sabiendo que usted se halla en ese puerto), tengo el honor, Señor General, de transcribir a usted para la debida inteligencia, gobierno y efectos consiguientes.- Dios y Libertad.- Al Señor General Candelario Oquendo hijo.- En la Guaira.[44]

---

44   A Candelario Oquendo, por haber estado cerca de Gaspar Polanco, pues fue su Secretario, con razón o sin ella, lo implicaron, como se ve, en la muerte de Salcedo.

Carta de Duarte a Félix María Delmonte en donde él comenta sobre la vida del patriota totalmente dedicado a los asuntos de su patria, mayo 2, 1865

CARTA DEL EXILIO

Borrador de una carta del Padre de la Patria a Félix María Delmonte.

Caracas, mayo 2 de 1865.

Señor Don
Félix María Delmonte,
Puerto Rico.

  Mi muy querido amigo: Tu muy apreciable, fecha 11 de abril próximo pasado, se encuentra en mi poder, y doy principio a su contestación refiriéndome al final de ella. Tienes razón y mucha en aconsejarme, cual lo haces, diciéndome: *consérvate bueno, conserva tu cabeza, y tu corazón;* tienes razón, repito, porque nunca me fue tan necesario como hoy el tener salud, corazón y juicio; hoy que hombres sin juicio y sin corazón conspiran contra la salud de la Patria. Contristan el corazón del bueno y pretenden trastornar el juicio del Pueblo, con sus planes proditorios y liberticidas, para que éste despedace a sus más fieles servidores y bañarse ellos, ¡infames!, en la sangre de las víctimas, gozándose en el infortunio de la Patria. Procuraré conservarme bueno, conservaré mi corazón y mi cabeza, sí, mi buen amigo, así lo aconsejan mis amigos, así lo exige el honor, así lo quiero yo, porque pienso que Dios ha de concederme bastante fortaleza para no descender a la tumba sin dejar a mi Patria libre, independiente y triunfante.

  Todo es *providencial,* dices; hay palabras que por las ideas que revelan llaman nuestra atención y atraen nuestras simpatías hacia los seres que las pronuncian; tú eres providencialista, si no me equivoco, y en esta inteligencia voy a explicarme: a la verdad, sentiría que no lo fueses, porque te amo, y los providencialistas son los que salvarán la Patria del infierno a que la tienen condenada los ateos, cosmopolitas, orcopolitas (allá va esa expresión aventurada queriendo significar ciudadanos del infierno). Vamos a la correlación de las fechas. Un 16 de julio empezó a contarse la Egira por los enemigos de la Cruz; en 16 de julio fue batido en Lepanto[45] el hijo de la Media Luna; un 16 de julio (el de 1838) fue descubierta, ahí en donde estás, la conspiración que habiendo estallado el 25 (como debía estallar) habría salvado al joven Sterling de la injusta y violenta muerte a que le condenara el feroz López Baños[46]; y ¿quién le hubiera dicho a nuestro malhadado compatriota que en ese mismo día (16 de julio) del mismo año, quizá en la misma hora, se inauguraba en su patria la revolución que bajo el lema sacrosanto de *Dios, Patria y Libertad, República Dominicana.*, había de dar al traste con la administración Boyer, derrocar a Riviére y más tarde vengarle a él mismo de sus inicuos verdugos. Todo es providencial y el crimen no prescribe ni queda jamás impune. Un 12 de julio, el del 43, entró Riviére en Santo Domingo y los buenos patricios fueron encarcelados o perseguidos hasta el destierro por haber querido salvar a su Patria, y el 12 de julio del año entrante entró el orcopolita *Satanan* (59) y los patriotas fueron o encarcelados o lanzados a un destierro perpetuo por haber logrado salvar la patria y no haber querido venderla al extranjero; un 27 de febrero (44) un hijo fiel salva a su madre a despecho del hijo ingrato, y el 27 de febrero del

---

45   El original dice Lepanto, pero se refiere sin duda a la batalla de Las Navas, traída a colación por el Dr. Alcides García en su trabajo "Duarte y la Cruz", publicado en el *Listín Diario de* fecha 28 de abril de 1929 y en su obra *Duartey otros temas*. Un trozo de esta carta aparece en este artículo y en lo referente al pasaje de que tratamos dice textualmente: "en fecha 16 de julio fueron batidos en Las Navas los secuaces de Mahoma".

46   Respecto de los acontecimientos de 1838 en Puerto Rico, y a los que alude Duarte, están explicados en Miller, *Historia de Puerto Rico,* págs. 265 y 266, así: "Pero la sumisión al sistema absolutista no era absoluta. El regimiento de Granada se quedó resentido con el atropello que le había inferido el general de la Torre. En 1838, siendo gobernador Miguel López de Baños, fue denunciada una conspiración en la cual aparecieron como cómplices algunos sargentos, cabos y soldados del regimiento, los capitanes de milicias Vizcarrondo y Andino, y los paisanos Juan y Andrés Vizcarrondo y Buenaventura Quiñones, éste miembro de una antigua y distinguida familia de San Germán.

Se les imputaba el plan de insurreccionar al país y proclamar la Constitución de Cádiz de 1812. Denunciada la conspiración, Juan y Andrés Vizcarrondo lograron fugarse a Venezuela. Buenaventura Quiñones fue preso y llevado al Morro. Una mañana se le encontró en su celda ahorcado con un pañuelo y las sogas de su hamaca. La muerte del desgraciado Quiñones produjo consternación general. Nunca se ha llegado a aclarar si se ahorcó o si lo ahorcaron.

Los capitanes de milicias Andino y Vizcarrondo fueron declarados absueltos. Los sargentos Salinas y Santillana pasaron su amor a la Constitución de Cádiz con la vida; Juan y Andrés Vizcarrondo, refugiados en Venezuela, fueron condenados a muerte; y los demás sargentos, cabos y soldados fueron condenados a presidio. El regimiento de Granada fue disuelto por orden del Ministro de la Guerra".

Como se ve acaecieron tres muertes, las de Quiñones, Salinas y Santillana. No aparece el Sterling de que habla Duarte.

año siguiente el infame patricida arrastra al patíbulo a la virtud, a la inocencia misma como si hubiese querido castigar en el dominicano el arrojo de haberse proclamado independiente; un 19 de marzo triunfó la Cruz y los *iscariotes* (malos dominicanos) escribas y fariseos proclaman triunfador a Santana, y el 19 de marzo del año siguiente *Satanás* y los iscariotes arrojaron del suelo natal a una familia honrada y virtuosa sólo por contarse en ella hijos dignos de la Patria, crimen imperdonable por el iscariote; finalmente esta familia infeliz llega a La Guaira, el 25 de marzo de 1845, lugar de su destierro, y el 25 de marzo de 1864 salta en tierra en Montecristi el General Duarte sin odio y sin venganza en el corazón... ¿Qué más se quiere del patriota? ¿Se quiere que muera lejos de su Patria, él que no pensó sino en rescatarla; y con él sus deudos, sus amigos, sus compañeros, sus compatricios que no sean bastante viles para humillarse y adorar el poder satánico que adueñado de la situación hace más de veinte años dispone a su antojo del honor, de la vida, de las propiedades, de los mejores servidores de ese pueblo heroico hasta en el sufrimiento y tan digno de mejor suerte? Pues no, no, que escrito está: "Bienaventurados los que han hambre y sed de justicia porque ellos serán hartos"; y el buen dominicano tiene hambre y sed de la justicia ha largo tiempo, y si el mundo se la negare, Dios, que es la suma bondad, sabrá hacerla cumplida y no muy dilatado, y entonces ¡ay de los que tuvieron oídos para oír y no oyeron, de los que tuvieron ojos para ver y no vieron... ¡la eternidad de nuestra idea! Porque ellos habrán de oír y habrán de ver entonces lo que ni hubieran querido oír ni ver jamás. Te suplico, por tus hijos y por la madre de tus hijos, no cierres tus oídos a mis palabras porque más de un triste llora su desventura por haberlos oído y no haberlas escuchados y más de una víctima tropezó con el sepulcro. ¿Tienes amigos? (si es que en el destierro aun te ha quedado alguno), prepáralos, porque los días se acercan, procura que no se descarríen, pues va a sonar la hora de anularse para siempre, la hora tremenda del juicio de Dios, y el Providencial no será vengativo, pero sí justiciero. Los enemigos de la patria, por consiguiente nuestros, están todos muy acordes en estas ideas, destruir la nacionalidad aunque para ello sea preciso aniquilar a la nación entera y cerrarnos las puertas de la patria, pues no somos más que unos ambiciosos que independizamos nuestro pueblo sólo por ambición y no tuvimos talento para hacer nuestra la riqueza ajena, mientras que ellos son los hombres honrados y virtuosos quienes han tenido la habilidad de hacerlo todo, hasta llamar al extranjero, muestra inequívoca de lo muy amados que serán por la justicia con que han procedido y procederán para con Dios y la patria y la libertad del dominicano; en lo que no están de acuerdo nuestros libertos es en lo del amo que quieren imponerle al pueblo, pues ya tú dices (y es cierto) que Benigno Rojas no es sino yanqui, y Báez que no es sino haitiano-galo-español, y Lavastida y Alfaus y Manueles (?) son yanquis; Báez dizque dice que Bobadilla no es sino Pandora, Melitón es todo, menos dominicano, dice José Portes que se halla en Saint Thomas, y añade a esto que siendo Senador, para que se callara la boca cuando la Anexión, Santana le regaló una casa. ¡Pobre patria! Si estos son los consultores, ¿qué será lo consultado? Esta situación, aunque no lo parezca, es violenta y no promete un desenlace tan suave o natural como lo esperan los necios que representan en esta comedia cuyos papeles se han repartido ellos mismos, habiendo quien está hecho cargo de dos y hasta de tres papeles, por si acaso, que a esto llaman tener previsión. Y mientras tanto se agita y bulle el malo ¿qué hace el bueno? Se estará quedo... Sería un crimen del cual se nos podría acusar ante la Historia, a nosotros, repito, los individuos de la Sociedad Filantrópica. Félix, no hay reposo ya para nosotros sino en la tumba, y que pues el amor de la patria nos hizo contraer compromisos sagrados para con la generación venidera, necesario es cumplirlos o renunciar a la idea de aparecer ante el tribunal de la historia con el honor de hombres libres, fieles y perseverantes.[47]

Pero ya esta carta es muy larga y voy a concluirla sin haberte dicho nada de lo mucho que tenía pensado decirte. Mi familia toda saluda a Encarnación[48] y agradecen los recuerdos deseando que se conserve buena y siempre dominicana. Mil cariños a los niñitos y mándame decir cuántos tienes y cómo se llaman y su edad. Saludo de mi parte a Encarnación; me le darás un abrazo a Juan Evangelista Soler, mi buen amigo, y tú escribe y trabaja bastante, trabajemos quise decir, por y para la patria, que es trabajar para nuestros hijos y para nosotros mismos. Sí, caro amigo, trabajemos, trabajemos sin descansar, no hay que perder la fe en Dios, en la justicia de nuestra causa y en nuestros propios brazos, pues nos condenaremos por cobardes a vivir sin Patria,

---

47 Acostumbraban los Duarte hacer juego de palabra con el apellido Santana, escribiendo *Satanan, Satanan* (seguramente como voces agudas), hasta caer en *Satanás*.
48 Encarnación Echavarría, poetisa, hija del prócer Mariano Echavarría Heredia y de Manuela Villaseca y Núñez de Cáceres, que casó en 1845 con don Félix María Delmonte. Los "niñitos" son: Tomás María, nació en 1846, con 19 años para la fecha de la carta, en Baní casó con Casilda Andújar Pimentel, dejó sucesión; Dolores Emilia, nació en 1855; María Mercedes, nació en Puerto Rico en 1859, vive todavía.

que es lo mismo que vivir sin honor; aprovechemos el tiempo y cuenta siempre con la invariable amistad de tu socio el Gl. J. P. D.[49]

---

[49] Al pie de este documento aparece una nota con letra de Rosa que dice: "En el año de 1838 se inauguró la primera revolución bajo el santo lema Dios, Patria y Libertad, República Dominicana, el 16 de julio a las 11 de la mañana, ya los 38 años, el 16 de julio a las 11 de la mañana bajó al sepulcro, el año 1876".

SELECCIÓN DE POEMAS POR JUAN PABLO DUARTE

Romance

Era la noche sombría,
Y silenciosa, y de calma;
Era una noche de oprobio
Para la gente de Ozama.
Noche de mengua y quebranto
Para la Patria adorada.
El recordarla tan solo
El corazón apesara.
Ocho los míseros eran
Que mano aviesa lanzaba,
En pos de sus compañeros
Hacia la extranjera playa.

Ellos que al nombre de Dios,
Patria y Libertad se alzaran;
Ellos que al Pueblo le dieron
La independencia anhelada,
Lanzados fueron del suelo
Por cuya dicha lucharan;
Proscritos, sí, por traidores
Los que de lealtad sobraban.

Se les miró descender
A la ribera callada,
Se les oyó despedirse,
Y de su voz apagada
Yo recogí los acentos
Que por el aire vagaban.

La cartera del proscrito

Cuán triste, largo y cansado,
cuán angustioso camino,
señala el Ente divino
al infeliz desterrado.

Ir por el mundo perdido
a merecer su piedad,
en profunda oscuridad
el horizonte sumido.

Qué triste el verlo pasar
tan apacible y sereno,
y saber que allí en su seno
es la mansión del pesar.

El suelo dejar querido
de nuestra infancia testigo,
sin columbrar a un amigo
de quien decir me despido.

Pues cuando en la tempestad
se ve guerrear la esperanza,
estréllase en la mudanza
la nave de la amistad.

Y andar, andar errabundo,
sin encontrar del camino
el triste fin que el destino
le depare aquí en el mundo.

Y recordar y gemir
por no mirar a su lado
algún objeto adorado
a quien ¿te acuerdas? decir.

Llegar a tierra extranjera
sin idea alguna ilusoria,
sin porvenir y sin gloria,
sin penates ni bandera.

Himno

Por la cruz, por la Patria y su gloria
Denodados al campo marchemos:
Si nos niega el laurel la victoria,
Del martirio la palma alcancemos.

Del inicuo en el alma no cabe
Por la Patria el aliento rendir;
Pero el hombre virtuoso bien sabe
Que por ella es honroso morir.

El esclavo soporta su suerte
Aunque oprobia su triste vivir;
Pero el libre prefiere la muerte
Al oprobio de tal existir.

Pueda, pueda ese mísero esclavo
Sin honra, sin patria alentar,
Que el libre, el honrado y el bravo
A la Patria sabrán libertar.

Los que queden, patricios humanos,
Nuestros restos sabrán inhumar,
Y los restos de tantos hermanos
Como buenos harán respetar.

Los que queden dirán a sus hijos:
Aquí, hijos, supieron morir
Por nosotros, y en cantos prolijos
Nuestros nombres se oirán repetir.

Los que queden sabrán diligentes
Nuestros hechos gloriosos narrar,
Y las glorias de tantos valientes
Nuevos hechos sabrán impulsar.

Los que queden, del patrio cruzado
Los ejemplos sabrán imitar,
Y la sangre del patrio soldado
Sus hermanos sabránla vengar.

A la Patria vendiendo al León fiero
Iscariote pensó encadenar:
Pero el Dios que profana el ibero
Las cadenas le impulsa a quebrar.

Adelante, patricio constante,
Por la Patria a vencer o morir:
Es infame quien dude un instante
Que sin Patria es mejor no vivir.

Súplica

Si amorosos me vieran tus ojos,
Acabarían mis penas en bien,
Pues quitaras así de mi sien
La corona que ciñe de abrojos.

Y a mi pecho volvieras la calma
Que otro tiempo gozó placentero,
Y hoi le niega el destino severo
Insensible a las penas del alma.

No le imites, Señora, te ruego,
No te cause placer mi amargura,
Y al mirar mi acendrada ternura
No me tomes como él el sosiego,

Que no en vano se postra mi amor
A los pies de la esquiva beldad:
No me digas ¡o no! por piedad
Que me tienes también en horror,

¡Pues es tal de este amor la vehemencia,
Que no obstante el rigor de mi suerte,
Yo he jurado por siempre quererte...
A pesar de tu cruda inclemencia!

Desconsuelo

Pasaron los días
De paz y amistad,
De amor y esperanza,
De fina lealtad.

Pasaron las glorias,
La gala y primor;
Quederon recuerdos
De amargo sabor.

Recuerdos que al alma
Del mísero amante,
La luz entristecen
Del sol más brillante:

Que avieso destino
Siniestro, sombrío,
Marmóreo, implacable,
Abrúmale impío.

Amante y amigo
Mostró su nobleza:
Sus obras dejaron
Lealtad y pureza.

Y aleves, traidores,
Llamáronle infiel,
Brindándole en burla
Vinagre con hiel.

Y en vano al impulso
De tanta maldad,
En vano ha clamado
Pidiendo equidad.

El mundo no ha oído
Su justo clamor,
Ninguno ha escuchado
Su voz de dolor.

Por eso alza la frente
En altivez y en calma;
Aun cuando tiene el alma
De negra pena henchida,

Y aun cuando mortalmente
El pecho herido siente,
No exhalará un quejido,
Ni más dará un gemido.

Mas, tú, noche triste,
Que escuchas su acento,
Que sabes de su alma
El crudo tormento,

Ocúltale al mundo
Su acerbo penar,
No digas a nadie
Le has visto llorar.

E ignore por siempre
Su amado tesoro,
Que siente más que ella
Su mengua y desdoro,

Y entienda más bien
La cruel cuanto impía,
Que vive gozando
De paz y alegría.

Y vivan felices,
Que acaso algún día
Habrán de llorar
Su negra falsía,

Y entonces de menos
Tal vez se echará
Su puro cariño...
¡Más tarde será!

Sin título: "Y tú…"

Y tú mientras tanto
Sabrás ocultar,
A ellos y al mundo
Mi acerbo pesar:

Pues quiero exhalando
Mi triste querella,
Que sola tú mires
Mi lúgubre estrella,

Y esconda tu sombra
Mi triste existir,
Y oculte en tu seno
Mi amargo decir.

Que aunque al viento mil quejas lanzara,
¿De qué me valdría?
La ruda, continua borrasca sombría
Que ruge tremenda en torno de mi,

La voz apagara.
¿No escuchas el cielo cual truena profundo?
Pues es que si oye siquiera mi acento,
Se torna iracundo:

Por eso al silencio mis penas le di,
Por eso a tu sombra asilo pedí.
No hay ya para el alma
Alivio de calma,

Ni espera a mi duelo
Humano consuelo:
Todo, todo se negó a mi pena,
Y aun la queja el corazón condena.

Comentario de la Traductora sobre el poema Sin título: "Y tú..."

¡Qué extraño es este poema! Comienza en medio decir, con "Y," y se dirige a un "tú" que nunca se identifica, como si el principio del texto se hubiera perdido o descartado. Quizás ese es el caso, y lo que tenemos es un fragmento. Pero fragmento o no, es un poema que logra afectar al lector, porque lo invita a hacerse varias preguntas: ¿Quién es el "tú" a quien se dirige el poeta? ¿Por qué le ruega el poeta a ese misterioso confidente que le guarde el secreto de sus angustias? ¿Por qué se siente el poeta tan profundamente triste, por qué teme que el cielo esté ofendido con él, y por qué dice, con tan amarga seguridad, que no hay para su duelo ningún "humano consuelo"?

Parte del misterio que nos presenta este poema se concentra en una palabra en el séptimo verso: "sola," en esa forma femenina. Es la única palabra en el texto que indica que ese "tú" se refiere a una mujer. Al contrario, mucho en el poema sugiere que el poeta se está dirigiendo a Dios—tradicionalmente masculino—pidiéndole que le guarde su secreto, y no a un ser humano, hombre o mujer. Será posible que esa palabra "sola" es un error tipográfico, y que debía haber sido el "sólo" que equivale a "solamente"? Este es un ejemplo del tipo de ambivalencia que deja al traductor—como al lector—confudido. Me sentí tentada a cambiar esa palabra problemática al "sólo" que me parece la palabra correcta, pero decidí dejar en el texto original lo que me parece un error, y así permitirle al lector gozar del misterio textual y el reto que conlleva. En mi traducción al inglés, por supuesto, no hay problema alguno, ya que los adjetivos en inglés no denotan el género.

Duarte no fue el único poeta entre los revolucionarios dominicanos que se llamaron Los Trinitarios. Es más, era común para los jóvenes con cierto grado de educación, en el siglo XIX en la América Latina, escribir poesía en la cual se le daba rienda suelta a los más profundos sentimientos, en los términos poderosos, evocativos y conmovedores que demuestra este poema.

En cambio, en el siglo XVIII los jóvenes que efectuaron la independencia de las colonias inglesas de Norte América, también adeptos con la pluma, tendían típicamente, no a la poesía apasionada, sino a la prosa pulida y reservada. A lo sumo, algunos pocos entre ellos producían panfletos tan fogosos como los discursos de Patrick Henry. Las diferencias entre esos dos grupos de jóvenes idealistas, activistas y valientes resultan interesantes, como lo son también sus parecidos.

Rhina P. Espaillat

El criollo

Las cárceles llena
De probos patricios,
Y a algunos condena
A oscuros suplicios,
Mientras otros expulsos
Del suelo natal,
Maldicen convulsos
Al Genio del mal.

Devora en su saña
Vecinos honrados,
Y en sangre se baña
De inermes soldados.

Y ultraja i desdora
La sangre del Cid:
¡Si acaso lo ignora,
Sabrálo en la lid!
Ni el sexo perdona
Su rabia feroz;
La casta matrona,
La niña precoz,
La niña inocente,
Tampoco el anciano,
Encuentran clemente
Al vándalo hispano.

¿Derecho de gentes,
En qué te ofendimos?
Nosotros valientes
Honrarte supimos.
¿Por qué un vil tirano
Conculca tus leyes?
Porque es un villano
Mandado por Reyes.

Un tiempo fue gloria
La gloria de España,

Mas hoi es escoria
No más y patraña:
A viles traidores,
Reptiles inmundos,
Los colma de honra
A faz de dos mundos.
Y ¡Oh! ¡cuál tronara
Allá el Benavente,
Si al mundo tornara
Y viera su gente:
¿Ya no hay castellanos,
Diría, en mi nación?
¡Afuera, gitanos!
¡Afuera el Borbón!

Mas ni hai Benavente,
Ni hay ya más España:
Su cetro potente
Tornóse de caña;
Tan extraña y vana
Cual son los Borbones:
Su timbre un Santana,
Blasón sus traiciones.
Clamando venganza,
Clamando justicia,
De tanta matanza,
De tanta injusticia,
Al campo volemos
Queridos hermanos:
La tierra purguemos
De tantos insanos.

Al arma, valientes,
Criollos constantes,
Marchad diligentes,
Marchad arrogantes:
Librémonos todos
Del vil e inhumano

(continúa)

Padrastro y no padre
Del Dominicano.

Los blancos, morenos,
Cobrizos, Cruzados,
Marchando serenos,
Unidos y osados,
La patria salvemos
De viles tiranos,
Y al mundo mostremos
Que somos hermanos.

Sin título: Soi Templario...

Soi Templario, repetir, si, debes
Allá en el cielo tu mirar clavando,
Tú que el cáliz de la afrenta bebes
Sublime prueba de constancia dando.
Soy Templario, repetir debemos
Los que en el pecho el honor sintamos,
Los que de libres blasonar podemos,
Los que a la Patria libertad juramos
y mientras fulge en la elevada cumbre
El Sol de Julio, inmaculado i bello,
y torna a arder la inextinguible lumbre
Del de Febrero su primer destello,
Cantad, alegres sirenas,
Las del Ozama en la orilla,
Que ya para él no hay cadenas
Ni ya para él hay mancilla.
No os cuidéis de los cantares
Que aborta mi fantasía,
Ni de los negros pesares
Que rasgan el alma mía.
Cantad, sirenas, cantad,
Cantad un canto por mí,
Que anuncie la Libertad
Al suelo donde nací.

Comentario del Traductor del Poema Sin título: "Soi Templario…"

Las personas nacidas en la República Dominicana son el producto de una violenta transacción colonial que está profundamente arraigada en el catolicismo romano. Los puritanos ingleses en los Estados Unidos y los conquistadores españoles en toda América Latina justificaron el dominio colonial a través de su interpretación o mala interpretación del cristianismo. Personas que no son cristianas – al igual que los ateos – que viven en las Américas han sido impactadas por esta transacción colonial. Juan Pablo Duarte, tal como toda persona nacida en las Américas, no es la excepción a la regla.

Juan Pablo Duarte respiraba libertad. Su deseo era vivir en una nación soberana donde la libertad fuera una realidad. Duarte fue también producto de la religiosidad que se formó a través de la colonización. Debido a su oposición a la esclavitud, algunos dominicanos prácticamente lo canonizaron como la segunda venida de Jesucristo, por su compromiso a la libertad, como se ejemplifica en la obra polémica, *El Cristo de la libertad: vida de Juan Pablo Duarte* por Joaquín Balaguer. Uno de mis objetivos es establecer que Duarte fue un hombre sumamente religioso que a la vez abogó por la violencia con fin de lograr su objetivo de libertad; a primera vista una contradicción, sin embargo el cristianismo ha estado involucrado en el centro de varias guerras religiosas.

Este es un maravilloso poema que ha sido construido cuidadosamente y que muestra ese apasionado amor que le tiene Duarte a su tierra natal, siendo posible por su formación cristiana. Duarte igualó a la República Dominicana a la Tierra Santa durante Las Cruzadas. Para Duarte, Santana y sus partidarios eran como los musulmanes que tomaron control de la Tierra Santa, mientras quienes lucharon junto a Duarte eran devotos cristianos que lucharon para liberar su tierra del yugo tiránico. El cargado lenguaje contribuye hacia un poema más apasionado.

Nelson Santana

Antífona

Un himno santo de lealtad cantemos
Los que en el pecho la lealtad llevamos,
Los que de libres blasonar podemos,
Los que a la Patria autonomía juramos.
Un himno santo que al Señor le plazca
Y escuche el mártir cual de gloria ensueño,
Que a nuestra alma en su dolor complazca,
Y al Iscariote le conturbe el sueño.

Estrofas

Es cual rosa de montaña,
De Quisqueya flor sencilla,
Que da vida y no mancilla
Ni tolera flor extraña.

Rosa, Cruz, por fin, y Estrella
Ante Dios omnipotente,
Con que ha iluminado el Ente
De los entes a Quisqueya.

Santana

Ingrato, Hincha es tu suelo,
Que producir no ha sabido
Sino un traidor fementido

Que habrá de serle fatal,
Y tú, Prado, que aposentas
Verdugo tan inhumano,
Ay!... que por siniestra mano
Sembrado te veas de sal.

Sin título: "Pensé cantar..."

Pensé cantar mi desventura impía
y airado el numen se negó a mi intento;
pensé cantar y en la garganta mía
opreso el canto se trocó en lamento.

Pugné otra vez y en mi tenaz empeño
rompióse el plectro y reventó la lira;
por eso horrible cual letal ensueño
en canto sordo el corazón delira.

Sordo y helado cual la tumba yerta
en do reposas, adorado amigo,
y el cual consagro a tu ceniza muerta
ya que otra prenda no quedó conmigo.

Soi Templario, me decías un dia,
Jacinto un tiempo de la Patria amada,
y en sacro fuego el corazón se ardía,
y Ozama el alma se sentía abrasada.

Tomás entonces con placer te oyó,
y "el alto honor de ser primera ofrenda,"
como un Templario, merecer juró
en la sagrada nacional contienda.

Tomás, de heroica abnegación modelo,
de patriotismo y de valor dechado,
Tomás, el timbre de mi patrio suelo,
honor y gloria de mi Pueblo amado.

¿Dó está el amigo de mi tierna infancia,
el compañero por demás valiente?
¡Y nadie, nadie en su desierta estancia
responde al eco de mi voz doliente!

Tristezas de la noche

Triste es la noche, muy triste
para el pobre marinero
a quien en el Ponto fiero
acosa la tempestad.

Triste es la noche, muy triste
para el infeliz viajero
que en el ignoto sendero
descarrió la obscuridad.

Triste es la noche, muy triste
para el mísero mendigo
que sin pan, tal vez, ni abrigo
maldice a la sociedad.

Triste es la noche, muy triste
para el buen y leal patricio
a quien aguarda el suplicio
que le alzó la iniquidad.

....

Mientras que del expatriado
no cambia la suerte ruda
y aún la misma muerte cruda
parece que le ha olvidado.

Ve cómo asoma al dintel
de su albergue miserable
desterrando inexorable
la escasa luz que había en él;

....

Ve como extiende su manto
de tinieblas al entrar
y con ellas aumentar
del alma el hondo quebranto.

Que viene en pos de su huella
todo cuanto fue y existe,
y con su sombra se viste
de color más triste que ella.

....

El corazón en dolor
ve venir la noche yerta
la adusta frente cubierta
de insomnio, angustia y rigor.

SELECCIÓN DE POEMAS
POR JUAN PABLO DUARTE

Poema de Duarte en el homenaje póstumo a Marcelino Muñoz

Relámpago veloz en noche oscura
Son los que días prósperos llamamos,
Y excepto la virtud no hai cosa digna
De que la aprecie el verdadero sabio.

Dígalo, ay! sino la augusta sombra
Que ya la tumba para siempre esconde,
De aquel que en vano nuestros labios nombra,
De a quien llamamos y que no responde.

De honor dechado y de virtud modelo
Llamóle suyo aquese mundo impío,
Y el cielo dijo, sin piedad, sin duelo,
Con voz tremenda "Marcelino es mío."

Y oyó aquel fallo, y sin gemir doliente
Con faz tranquila, religioso y pío,
Adios nos dijo con serena frente,
Aquel que fuera del Apure el brío.

Franco y leal y tierno amigo
No, no es sueño ¡no es delirio!
Haz partido, ¡Que martirio
Nos dejaste sin abrigo!

Parca fiera, duro cielo
Nos robasteis la bonanza,
Nuestro bien, nuestra esperanza,
Nuestro amor, nuestro consuelo.

Cuando la casta doncella
Venga pidiendo un amparo,
¿Quién, cual Marcelo preclaro?
¿Quién demandará por ella?

Cuando el mísero mendigo
Se vea él, triste abandonado,
Ya Marcelo sepultado,
¿Quién dirale ¡ven conmigo!

(continúa)

Y cuando fiero quebranto
Acose al huérfano triste,
Si Marcelo ya no existe,
¿Quién enjugará su llanto?

Y cuando el pobre extranjero
Se vea enfermo y desvalido
¿Quién como él enternecido,
Pan y hogar daréle entero?

Cuando a su Acháguas querida
Vengan soberbios tiranos
A dar decretos insanos
¿Quién le servirá de ejida?

Cuando al invento sublime
De Gutemberg inmortal
Pretenda el genio del mal
Acortar su vuelo, dime,

Dime, cruel y duro cielo
¿Quién remedará tu acento,
De los tiranos tormentos
Y de los libres consuelo?

Y cuando en hora fatal
Venga torpe el ciudadano
A preciarse de inhumano,
¿Quién dirale? "Tu haces mal."

Y cuando torvo tirano
En horrendo frenesí
Venga a Acháguas inhumano
¿Quién dirá? "Yo estoi aquí."

¿Quién?...Oh Dios omnipotente,
Perdona si te ofendí;
Yo sé bien que estás aquí
Y en todas partes patente.

Perdona, Señor, perdona
Si con acento mundano
Osó mi labio profano
Argüir con tu persona.

Confieso mi Dios que erré;
Y aunque es mi dolor profundo
En mi dais gemebundo;
Pequé, mi Señor, pequé.

Pobre, errante, peregrino
Yo miré el mundo desierto,
Y al mirarme en vida muerto
Murmuré de mi destino.

Yo dudé de la verdad
Y en mi horrendo desvarío
Perdón, tu sabes Dios mío,
Cuanta fue mi ceguedad.

Mas, tú, a mi paso lanzaste
Aquel ente sobre humano,
Yo reconocí tu mano
Y que por su labio hablaste.

Y por esto fué mi encanto,
Y por esto fué su acento,
Para mi, dulce contento
De tus coros, suave y santo.

Ya ves, mi Dios y Señor
Que merezco tu piedad
Y cuan justo es mi dolor.

Mas aunque es grande tu amor
Y mui grande tu clemencia,
Al mirarme en la presencia,
¡Soi tan grande pecador!

(continúa)

Que con fundado temor
Yo no me atrevo a decir
Lo que quisiera pedir
A tus plantas mi dolor.

Mas oye al menos la plegaria santa
De un pueblo entero que ante tí postrado
Humilde pide a tu bondad que es tanta
Acoja el alma de Marcelo amado.

Unos pocos datos sobre Marcelino Muñoz, tema del Poema de Duarte en su homenaje póstumo a Marcelino Muñoz

Marcelino Muñoz fue íntimo amigo y protector de Juan Pablo Duarte durante el segundo exilio de éste en Venezuela, entre 1852 y 1862. Personaje público y bien querido en Acháguas, ciudad situada en Apure, sección remota en el interior de Venezuela, Muñoz fue benefactor de muchos, y fundador de un grupo de jóvenes liberales que se dedicaba a actividades culturales, políticas y filosóficas. El grupo servía de centro social que juntaba masones, revolucionarios, y extranjeros exiliados como Duarte.

Personas de esa índole se sentían relativamente seguros en Acháguas, gracias a su distancia de Caracas, capital y centro político del país, donde podrían correr peligro durante esa época de trastornos faccionales. Esa distancia les permitía constituir un núcleo de personas dedicadas a la búsqueda de cambios sociales de tipo liberal.

Cuando murió Muñoz, Duarte, con fama de buen orador, fue invitado a escribir y pronunciar este poema conmemorativo. El mismo formó parte de un panfleto publicado en Apure en 1856, y constituye evidencia de la presencia de Juan Pablo Duarte en la ciudad, como miembro de la Sociedad Joven Acháguas, fundada y dirigida por Muñoz.

(La prudencia como virtud: Juan Pablo Duarte en el Amazonas y el Apure; Lic. Juan Carlos Reyes, Historiador Venezolano)

Rhina P. Espaillat

Duarte en las Américas

Personas de ascendencia dominicana han estado emigrando a los Estados Unidos desde el año 1613, cuando Juan Rodríguez llegó al territorio hoy conocido como Nueva York. Los libros de historia le atribuyen estas primicias a Rodríguez en relación a la historia de Nueva York: primer inmigrante, primer residente no indígena y primer comerciante, entre otras cosas (Stevens-Acevedo, Weterings and Álvarez Francés, 2).[50] Dos siglos más tarde de la llegada de Rodríguez a Nueva York nace Juan Pablo Duarte el día 26 de enero del año 1813 en lo que hoy se conoce como la República Dominicana. La vida de Duarte ha sido documentada a través de varios historiadores quienes han escrito o han dado charlas sobre los viajes de Duarte hacia los Estados Unidos en el siglo XIX cuando era un chiquillo, hasta su muerte en Venezuela el 15 de julio de 1876, tras haber sido exiliado por Pedro Santana. En las Américas, la vida de Duarte abarcó una isla caribeña y dos continentes, convirtiéndolo en un verdadero americano.

Al igual que a los dominicanos que han emigrado hacia los Estados Unidos, Duarte – venerado como el padre de la libertad de la intelectualidad dominicana – también emigró junto a sus compatriotas dominicanos, tanto literalmente como figuradamente. Duarte fue un intelectual que luchó en contra de la opresión, condenando la esclavitud en defensa de los derechos humanos para todas las personas que se encontraban en la República Dominicana.

En los siglos XX y XXI, respectivamente, migrantes dominicanos han honrado y continúan honrando a su héroe intelectual al consolidar el legado de Duarte en los Estados Unidos. De tal manera varias organizaciones dominicanas han sido bautizadas con el nombre de Duarte incluyendo Hijos de Duarte y el Club Cívico y Cultural Juan Pablo Duarte, conocido hoy como el Instituto Duartiano de Estados Unidos. Entre los logros del Club Cívico y Cultural Juan Pablo Duarte se encuentra la creación de la estatua de Juan Pablo Duarte que fue develada en la calle Canal y avenida de las Américas en 1978 para el 165 aniversario del natalicio de Duarte. Mucho antes del co-nombramiento de una porción de la calle Broadway con el nombre de "Juan Rodríguez Way" en el 2013, un proyecto de ley fue aprobado por el alcalde de

---

50   Stevens-Acevedo, Anthony, Tom Weterings and Leonor Álvarez Francés. *Juan Rodríguez and the Beginnings of New York City*. New York: CUNY Dominican Studies Institute, 2013.

Nueva York para incorporar el nombre de "Juan Pablo Duarte Boulevard" en la avenida Saint Nicholas en el año 2000. Aparte de organizaciones, calles, y estatuas; también escuelas, parques, y otros tipos de monumentos – incluyendo la escuela Juan Pablo Duarte-José Martí No. 28 en Elizabeth, New Jersey, y el parque Juan Pablo Duarte en Miami, Florida – han sido construidos para brindar honor al legado del padre de la patria dominicana. Duarte nunca dejará de existir en el pensamiento colectivo de los inmigrantes dominicanos, sean angloparlantes, hispanoparlantes o bilingües, ya que el nombre de Juan Pablo Duarte es sinónimo de intelectualidad e identidad dominicana.

Nelson Santana

MATERIAL CURRICULAR

Introducción al Material Curricular

En su introducción, Rhina P. Espaillat nos recuerda que Juan Pablo Duarte abrió sus brazos a todas las razas y todas la etnías en nombre de su pueblo. En su ensayo, Nelson Santana observa que la influencia de Duarte se percibe y siente a través de las Américas, y hasta en las calles de Nueva York. En el siguiente material curricular, compartimos la influencia de Duarte más profunda y directamente, con estudiantes de secundaria cursando clases de lenguaje e historia.

El material curricular se ha elaborado para utilizarse independientemente, o para adaptarse a un curso de estudio más amplio. La vida y obra de Duarte tiene relación con la historia estadounidense y mundial, y con el estudio del inglés y el español.

Aspiramos a que estos materiales educativos les sean útiles a maestros desde Washington Heights hasta Santo Domingo, y más allá.

Martin Toomajian

El Proyecto de Ley Fundamental y la Constitución Estadounidense

Objetivo: Los alumnos podrán hacer un análisis del "Proyecto de Ley Fundamental" de Juan Pablo Duarte, y compararlo con la Contitución Estadounidense.

Esta lección se ha elaborado para utilizarse en un curso sobre la historia o el gobierno de los Estados Unidos. Es apropiada para complementar lecciones sobre la Constitución. Las preguntas, si se adaptan, se prestan para hacer comparaciones con la actual Constitución Dominicana.

Datos para el Instructor: Juan Pablo Duarte redactó el "Proyecto de Ley Fundamental," como borrador de la Constitución de la República Dominicana, durante los meses que siguieron el acto de independencia de la república en 1844. Aunque Duarte se encontraba en el exilio, muchos de sus principios fueron incorporados en la primera Constitución dominicana. Sin embargo, este borrador, que nunca se terminó, sirve como ejemplo de la filosofía política de Duarte, y es útil para hacer comparaciones con constituciones vigentes en la actualidad.

Procedimiento:

1. Investigue lo que los alumnos ya conocen acerca de la Constitución: ¿Cuál es el propósito de la Constitución? ¿Cuáles son las partes que integran la Constitución? ¿Cuáles son las ideas principales que se asocian con la Constitución?
2. Explique que en el mundo existen muchas constituciones que resuelven los problemas gubernamentales en distintos modos. Reparta copias del "Proyecto de Ley Fundamental" a toda la clase.
3. Permítale a los alumnos hojear el documento individualmente, y anotar sus observaciones y preguntas. Anímelos a examinar el manuscrito como documento de fuente primaria, anotando su título, autor, y fecha de publicación, si posible, y el propósito del documento.
4. Explique el fondo histórico de este documento. Enfatice a la clase que el documento es un borrador incompleto, y por lo tanto contiene errores tipográficos y referencias a otros artículos que no se llegaron a publicar.
5. Separe los alumnos en grupos pequeños. A cada grupo asígnele un tema constitucional, seleccionado de la lista siguiente: la división de los poderes del estado; el federalismo; la ciudadanía; la religión y el estado; el estado de derecho.

    Reparta una lista de preguntas a cada grupo. Cada grupo debe completar la lista de preguntas, y también completar un diagrama Venn, en tabla gráfica, demostrando las comparaciones que existen entre el "Proyecto de Ley Fundamental" de Duarte y la Constitución.
6. Al final cada grupo deberá compartir su análisis con la clase entera.
7. Evaluación: Asígnele a los alumnos, como tarea, escribir un breve ensayo que trate de las semejanzas y las diferencias entre el "Proyecto de Ley Fundamental" de Duarte y la Constitución Estadounidense.

Extensión de Tema: El instructor puede iniciar una plática sobre los temas siguientes:

En el Art. 6, Duarte señala que "La ley suprema del pueblo dominicano es, y siempre será, su existencia política como nación libre e independiente de toda dominación, protectorado, intervención e influencia extranjera, cual la concibieron los fundadores de nuestra asociación política." ¿Por qué, en tu opinión, le da Duarte tanta importancia a la necesidad de mantenerse libre de influencia extranjera?

Reza el Art. 15 que "La ley es la que da al gobernante el derecho de mandar e impone al gobernado la obligación de obedecer; de consiguiente, toda autoridad no constituida con arreglo a la ley es ilegítima y por tanto no tiene derecho alguno a gobernar ni se está en la obligación de obedecerla". ¿Por qué, en tu opinion, incluyó Duarte este artículo en su borrador? Te parece acertado incluír tal provisión en un documento que propone un marco estructural de ley?

Preguntas sobre Temas Constitucionales

División de los poderes del estado:
1. ¿Incluye el Proyecto de Ley Fundamental tres ramas del gobierno? Muestra evidencia.
2. ¿Cuáles son las semejanzas y las diferencias entre este plan y la Constitución Estadounidense?

Federalismo:
1. ¿Incluye el Proyecto de Ley Fundamental el principio federalista? Muestra evidencia.
2. ¿Cómo se gobernaría la República Dominicana bajo este plan?
3. ¿Cuáles son las semejanzas y las diferecnias entre este plan y la Constitución Estadounidense?

Ciudadanía:
1. ¿Cómo se decide, bajo este proyecto, quién es elegible a obtener la ciudadanía dominicana? Muestra evidencia.
2. ¿Es esa definición del derecho a la ciudadanía diferente a la definición que propone la Constitución Estadounidense? Si lo es, ¿en que sentido?

La religión y el estado:
1. ¿Según este proyecto, cuál es la relación que existe entre el gobierno y la iglesia? Muestra evidencia.
2. ¿Cómo difiere esa relación de la que rige bajo la Constitución Estadounidense?

Juan Pablo Duarte, Exiliado

Objetivo: Los alumnos podrán hacer un análisis de la poesía que escribió Juan Pablo Duarte en el exilio.

Esta lección se ha elaborado para utilizarse en un curso de inglés a nivel intermedio o secundario, o en un curso de humanidades.

Datos para el Instructor: Aunque Juan Pablo Duarte jugó un importantísimo papel en el movimiento, como fundador de la República, pasó la mayor parte de su vida en el exilio, lejos de su tierra natal. En 1843, el gobierno haitiano reconoció en Duarte el líder de los insurgentes que se denominaban los Trinitarios, y lo obligaron a abandonar el país. Duarte volvió victorioso cuando la República Dominicana se declaró independiente. Pero en la pugna por el poder que siguió a esa declaración, tomó la Presidencia su antiguo rival, Pedro Santana. Santana obligó a Duarte y a toda su familia al exilio en Venezuela, donde pasaría casi todo el resto de su vida. La poesía que abarca este plan de estudio fue escrita durante ese exilio de Duarte, y refleja su nostalgia por la patria perdida.

Procedimiento:

1. Motivación: Pregúntele a los alumnos, "¿Si tú te vieras obligado a dejar la tierra en que naciste, cómo te afectaría esa partida? ¿Qué es lo que te haría más falta? ¿Qué te causaría la mayor nostalgia?" Permita que los alumnos con experiencia migratoria compartan sus reacciones personales.
2. Explique el contexto histórico de la poesía de Duarte. Subraye que Duarte fue exiliado por sus principios políticos, y que añoraba volver a su tierra.
3. Reparta copias del poema "Tristezas de la noche" a toda la clase.
4. Utilizando un proyector o tabla gráfica, inicie el proceso de señalar los siguientes elementos del poema: la metáfora; la combinación de rimas; vocablos y frases que se repiten; el vocabulario que ha escogido el poeta.
5. Trate con la clase los siguientes temas:

    ¿Cuáles palabras repite Duarte? ¿Cuáles sentimientos sugieren esas palabras?

    ¿Por qué utiliza Duarte, repetidamente, imágenes nocturnas?

    ¿Por qué resaltan, en las descripciones de Duarte, las figuras

del marinero, el viajero, el pordiosero, y el patriota? ¿Qué tienen en común esos personajes? ¿Qué aporta cada cuál al significado del poema?
¿Cómo ilumina este poema los pensamientos y las circunstancias de Duarte durante su exilio?

6. Explique que éste es uno de los muchos poemas de Duarte que se refieren a su exilio, y que cada cual recalca temas distintos. Los alumnos ahora tendrán la oportunidad de familiarizarse con otros poemas de Duarte.
7. Divida la clase. A una mitad, repártale copias de "La cartera del proscrito," y a la otra, copias de "Romance."
8. Indique que deben trabajar en parejas, para leer y anotar juntos los dos poemas que se les han asignado.
9. Evaluación: Los alumnos deben comparar y contrastar los dos poemas de Duarte que han estudiado. ¿Cuáles semejanzas demuestran? ¿Cuáles diferencias? ¿Cuáles elementos literarios utiliza Duarte en cada poema para tratar su tema?

Expansión de la lectura:

Escoja un poema que se declamará en español y en inglés. Pídale a los alumnos bilingües que comparen cómo se desarrolla el poema en un idioma y en el otro.

Asígnele a los estudiantes la creación de un poema original, escrito desde el punto de vista de Duarte, pero utilizando diferentes imágenes para expresar el mismo significado que expresa Duarte.

Duarte y Lincoln: Inspirando a la Lucha por la Libertad

Objetivo: Los alumnos aprenderán a comparar el poema de Duarte titulado "Himno" con el discurso de Lincoln en Gettysburg, conocido como el "Gettysburg Address."

Esta lección se ha elaborado para utilizarse en una clase de historia, escuela nivel intermedio o secundario.

Datos para el Instructor: Al principio de la década de 1860, los Estados Unidos y la República Dominicana se encontraban en un estado de gran trastorno. En 1861 comenzó la Guerra Civil en los Estados Unidos, y España volvió a reclamar su antigua colonia, la República Dominicana. Dos años después, se libró en los Estados Unidos la Batalla de Gettysburg, y mientras tanto, en la República Dominicana, los patriotas lanzaron la Guerra de la Restauración. En 1865, terminada la Guerra Civil Estadounidense, la República Dominicana logró restaurar su independencia de España. En ambas naciones, la guerra inspiró escritos de carácter patriótico, con el motivo de alentar y motivar al pueblo. Muchos de los poemas de Duarte, incluso "Himno," fueron escritos con ese espíritu. Duarte volvió a la República Dominicana, después de casi dos décadas en el exilio. Este poema quizás fue escrito durante su exilio, o quizás después de su retorno al país; tampoco se sabe con certeza para cuál público lo escribió.

Procedimiento:

1. Motivación: Preguntas: ¿Qué es lo que esperamos de nuestros líderes políticos durante épocas difíciles? ¿Qué queremos que ellos digan y hagan?
2. Exponga las condiciones paralelas que existían en los Estados Unidos y la República Dominicana durante la mitad del siglo diecinueve. Quizás sea útil elaborar una cronología sencilla pero capaz de indicar la secuencia crónica de los eventos que tomaron lugar en cada país.
3. Reparta copias de la "Gettysburg Address" y del poema "Himno" a la clase entera.
4. Léase cada texto en voz alta, el instructor o un alumno, mientras los demás estudiantes anotan sus reacciones inmediatas.
5. Con respecto a cada texto, los alumnos deben contestar las siguientes preguntas:
   ¿Quién lo escribió? ¿Qué papel jugó en los eventos representados?

¿Cuál fue la fecha y la configuración de la fuente histórica (si se conoce)?

¿Qué se conoce acerca del público que leyó o presenció esa fuente histórica?

¿Con qué propósito escribió el autor este documento?

¿Qué significado esencial quiso compartir el autor con el lector?

6. Entonces, inicie una discusión entre los alumnos, sobre uno de estos temas:

¿Cómo se parecen estos dos documentos?

¿Por qué, en tu opinión, existen esas semejanzas? (Por ejemplo, ambos autores elogian los sacrificios de los soldados caídos, instan a los vivos a servir a la causa, y apoyan la libertad como meta.)

¿Cómo se distinguen estos dos documentos?

Uno es un discurso, y el otro es un poema. ¿Cómo le permite esta diferencia, a cada autor, el derecho de expresar su mensaje en términos distintos?

¿Qué sugiere, con respecto al tema de la libertad, cada uno de estos documentos? ¿Cómo se distinguen la libertad que busca Lincoln y la que busca Duarte?

Al participar en esta conversación, los alumnos deben tomar notas.

7. Evaluación: Al terminar la sesión, los alumnos deben contestar por lo menos una de las preguntas, citando el texto y sus notas para apoyar sus respuestas.

Duarte y "El Criollo": "Unidos y Osados"

Objetivo: Los alumnos lograrán evaluar la actitud de Juan Pablo Duarte con respecto al tema de la raza, según se expresa en su poema titulado "El criollo," y el impacto de dicha actitud.

Esta lección se ha elaborado para utilizarse en un curso de ciencias sociales, escuela nivel intermedio o secundario.

Datos para el Instructor: En 1861, España reclamó su antigua colonia, la República Dominicana, motivada por la invitación del entonces jefe político dominicano, Pedro Santana. Desde el exilio, Juan Pablo Duarte instó a sus compatriotas a resistir el nuevo gobierno, y pugnar por reestablecer la nación dominicana como independiente. El poema titulado "El criollo" se refiere a la época gloriosa de España citando al héroe español llamado El Cid, y a la vez que tilda de "vil e inhumano" al actual régimen español. El poema tiene significado especial porque le pide, con insistencia apasionada, a todas las razas que constituyen el pueblo dominicano, que se unan, hechos un solo pueblo, para lidiar contra España. La última estrofa se cita con frecuencia para demostrar la actitud liberal de Duarte sobre las relaciones entre las razas.

Nótese: Dado que esta lección trata de la raza, tema bastante sensitivo, urge establecer un ambiente franco y tolerante en la clase. Existen dos organizaciones, "Facing History and Ourselves" ("El enfrentamiento con la historia y la identidad"), y "Teaching Tolerance" ("Enseñando tolerancia"), dedicadas a ofrecer recursos para crear ese ambiente escolar productivo y abierto.

Procedimiento:

1. Motivación: Inicie entre sus alumnos una discusión sobre el tema de la raza en sus comunidades. Considérense estas preguntas:
    ¿Qué piensa la gente de tu comunidad con respecto al color de la piel?
    ¿Cómo se expresan cuando hablan de la raza y el color?
    ¿Cuáles palabras usan en tu presencia?
    ¿Has presenciado situaciones en que la raza ha sido importante?
    ¿Te parece que la raza es causa de conflictos en tu comunidad?
    ¿Has sido testigo de algún conflicto racial que se haya resuelto? ¿Cómo se logra resolver tales conflictos?

2. Reparta copias de "El criollo." Explique el contexto histórico del poema.
3. Indíqueles que léan el poema, anotando sus reacciones a la vez. Inicie una discusión abierta entre los alumnos, con fin de expresar sus primeras reacciones y aclarar inquietudes.
4. Con la clase dividida en pares, pídale que contesten las siguientes preguntas:

    ¿Cuál es la disposición emocional del poema, en general?
    ¿Quién o qué representa la fuerza negativa en este poema?
    ¿Cómo describe el poeta esa fuerza?
    ¿Cómo anima el autor a sus lectores a resistirse contra esa fuerza?
    ¿Cuáles son los rasgos que necesitará demostrar el pueblo dominicano para lograr la victoria?
    ¿Por qué quiere Duarte que se unan todos, de todas las razas?
    Inicie una conversación entre los alumnos sobre sus respuestas a esas preguntas.
5. Léase de nuevo la última estrofa del poema, en inglés y en español, si le parece necesario. Pídale a los alumnos respuestas individuales, por escrito, sobre el siguiente tema: Expresa el mensaje de Duarte en tus propias palabras. ¿Dónde sería útil aplicar este mensaje en tu comunidad? ¿En tu país?
6. Evaluación: Separe los alumnos para formar grupos pequeños, y pídale a cada grupo elaborar un cartel que represente el mensaje de tolerancia que predica Duarte. El cartel podrá incluir los siguientes elementos: citas del poema de Duarte; arte ilustrativo; ideas para la aplicación del mensaje en la comunidad o en el país. Haga una evaluación del cartel, tomando en cuenta la creatividad que demuestra, la presentación, y la precisión con que aplica el contenido.

CONTRIBUIDORES

Mariel Acosta nació en Santo Domingo, República Dominicana y vino a Estados Unidos a cursar sus estudios universitarios. Realizó sus estudios de grado en Antropología con concentración en Antropología Lingüística en Hunter College, CUNY, donde también cursó un certificado en Traducción e Interpretación. Actualmente es estudiante del programa de maestría en Español en City College, CUNY y trabaja como asistente de investigación en el Instituto de Estudios Dominicanos de CUNY en City College.

Sarah Aponte es fundadora y encargada de la Biblioteca del Instituto de Estudios Dominicanos/CUNY y Profesora de las Bibliotecas de City College. Es la autora de *Autores dominicanos de la diáspora (1902-2012): apuntes bio-bibliográficos* (con Franklin Gutiérrez. Biblioteca Nacional Pedro Henríquez Ureña, 2013) y *Dominican Migration to the United States 1970-1997: An Annotated Bibliography* (CUNY Dominican Studies Institute, 1999). La Prof. Aponte conduce talleres y hace presentaciones sobre asuntos dominicanos.

Rhina P. Espaillat, dominicana de nacimiento, ha vivido en los Estados Unidos desde 1939, fue maestra de inglés en la ciudad de Nueva York, y ha publicado poesía, cuentos y ensayos, en inglés y en español. También publica traducciones de obras en ambos idiomas, sobre todo de las obras de San Juan de la Cruz, Sor Juana Inés de la Cruz y otros poetas latinoamericanos y españoles, y de Richard Wilbur y Robert Frost, entre otros estadounidenses. Ha recibido varios premios nacionales en los Estados Unidos y en República Dominicana. Sus libros más recientes incluyen *Her Place in These Designs,* un poemario en inglés; *Agua de dos ríos,* una colección de sus ensayos y poemas en ambos idiomas; y *El olor de la memoria/ The Scent of Memory,* sus cuentos en formato bilingüe.

Sherill-Marie Henríquez creció hablando Spanglish con su familia dominicana en Union City, Nueva Jersey. Le encanta estudiar y practicar idiomas; tuvo la oportunidad de practicar el italiano en Bologna, Italia por seis meses. Sherill-Marie obtuvo su licenciatura con una concentración en estudio de raza y etnia de Columbia University en mayo del 2013, y continúa investigando la influencia de los latinos, y en particular, los dominicanos, en los medios de comunicación estadounidenses. En mayo del 2014, presentó su documental, "Dominicanación: Creando una Identidad, un Chiste a la vez," sobre la comedia dominicana, en la conferencia "Making a Difference" coordinada por la Asociación de Estudios Dominicanos. Sherill-Marie está sumamente agradecida por esta oportunidad de celebrar su patrimonio cultural traduciendo los trabajos de Juan Pablo Duarte junto al Instituto de Estudios Dominicanos.

Antonio Pérez nació en los Estados Unidos de padres dominicanos. Actualmente, cursa su maestría en Enseñanza de Inglés a Hablantes de Otros Idiomas (Teaching English to Speakers of Other Languages o TESOL, por sus siglas en inglés) en City College (CUNY) y desea enseñarle inglés a adolescentes que vienen a los Estados Unidos de varias partes del mundo. Su gran sueño es unir el mundo por medio de los idiomas; esta traducción de documentos de Duarte sirve para permitir que los angloparlantes y los hispanoparlantes puedan hablar de una de las figuras más importantes en la historia dominicana. A su vez, Antonio espera que este libro permita a los dominicanos, hispanoparlantes o no, adquirir conocimiento del gran líder dominicano, el Padre de la Patria, Juan Pablo Duarte.

Nelson Santana nació en la República Dominicana. Se trasladó a los Estados Unidos junto a sus padres cuando aún era niño. Nelson obtuvo su licenciatura en Inglés de Baruch College (CUNY), su maestría en Estudio de las Américas de The City College of Nueva York (CUNY) y su maestría en Bibliotecología de Drexel University. Fungió como bibliotecario auxiliar en el Instituto de Estudios Dominicanos durante siete años. Actualmente, Nelson se encuentra cursando su doctorado en Historia en Rutgers University.

Martin Toomajian es maestro de Historia y Gobierno Estadounidenses, en The City College Academy of the Arts, una escuela preparatoria en Washington Heights. Ha colaborado con el Instituto de Estudios Dominicanos de CUNY (Universidad de la Ciudad de Nueva York) para crear un seminario que le brinda a sus alumnos del octavo grado la oportunidad de estudiar la cultura dominicana al nivel universitario. Licenciado de las universidades de Yale y Fordham, ha vivido y ejercido su profesión en el Alto Manhattan desde el 2006.

Juan Pablo Duarte: Bibliografía Selecta

La siguiente bibliografía selecta intenta proporcionar referencias a fuentes bibliográficas con información de la vida y obra de Juan Pablo Duarte, uno de los padres fundadores de la República Dominicana. Estas fuentes, que representan libros y artículos de revistas académicas publicados entre 1884 y 2014, se encuentran en WorldCat de OCLC (el mayor catálogo colectivo en línea de las colecciones de bibliotecas alrededor del mundo), las colecciones de la Biblioteca del Instituto de Estudios Dominicanos y otras bases de datos (JSTOR, Academic Search Complete y EBSCOhost, entre otras).

Fuentes en inglés fueron difíciles de localizar. La primera sección de la bibliografía señala el pequeño número de fuentes en inglés dedicadas a Juan Pablo Duarte (principalmente artículos cortos y biografías). También incluye algunos de los libros de historia dominicana que se han publicado en inglés y que ofrecen algunas referencias a Juan Pablo Duarte y el movimiento de la independencia dominicana. Por lo que sabemos, no existe un trabajo comprensivo en inglés sobre su vida y contribuciones. Esta edición bilingüe de los escritos de Juan Pablo Duarte es el primer intento de empezar a llenar ese vacío.

Sarah Aponte

Fuentes en inglés

Alexander, Robert J. "Juan Pablo Duarte." In *Biographical Dictionary of Latin American and Caribbean Political Leaders*. Robert J. Alexander. New York: Greenwood Press, 1988. 139-140.

Álvarez, Federico C. "Duarte, a Symbol." *Bulletin of the Pan American Union*. April 1944, Vol. 78, 196-201.

Ariza, J. del C. "Dominican Patriot in Hall of Heroes." *Bulletin of the Pan American Union*. January 1926, Vol. 60, 4-9.

"Juan Pablo Duarte." In *Notable Caribbeans and Caribbean Americans: A Biographical Dictionary*. Serafín Méndez Méndez, Gail A. Cueto, and Neysa Rodríguez Deynes. Westport, CT: Greenwood Press, 2003. 148-149.

"Portrait." *Bulletin of the Pan American Union*. May 1916, Vol. 42, 592.

Statue of Juan Pablo Duarte to be erected in Santo Domingo, Dominican Republic. Conditions of the international competition for the selection of a design submitted to the sculptors of the United States by the minister of the Dominican Republic Hon. Angel Morales. Washington, D.C., 1928.

Webster, Mamie Morris. *A History of the Dominican Republic and a Resume of the Interesting Life and Military Activities of its National Hero, Juan Pablo Duarte*. S.l.: s.n., 1940.

Wohl, Gary and Carmen Cadilla Ruibal. *Hispanic Personalities: celebrities of the Spanish-speaking World*. New York: Regents Pub. Co., 1978.

Fuentes en inglés: Historia Dominicana

Cambeira, Alan. *Quisqueya la Bella: The Dominican Republic in Historical and Cultural Perspective*. Armonk, NY: London, England: M.E. Sharpe, 1997.

Gallin, Anne, Ruth Glasser, and Jocelyn Santana. *The Dominican Republic*. Washington, DC: Teaching for Change, 2005.

Moya Pons, Frank. *The Dominican Republic: A National History*. Princeton, NJ: Markus Wiener Publishers, 1998.

Rodman, Selden. *Quisqueya: a History of the Dominican Republic*. Seattle: University of Washington Press, 1964.

Roorda, Eric, Lauren Hutchinson and Raymundo González. *The Dominican Republic Reader: History, Culture, Politics*. Durham; London: Duke University Press, 2014.

Sagás, Ernesto and Orlando Inoa. *The Dominican People: A Documentary History*. Princeton, NJ: Markus Wiener Publishers, 2003.

Welles, Sumner. *Naboth's Vineyard; the Dominican Republic, 1844-1924*. New York: Payson & Clarke, 1928.

Fuentes en Español

Acosta Piña, Carlos Aníbal. *El general Duarte*. Santo Domingo, República Dominicana: Editora Universitaria, 1986.

-----. *Duarte y la Marina*. Santo Domingo, República Dominicana: Biblioteca Nacional; Editorial CENAPEC, 1985.

Alfau Durán, Vetilio. *Ideario de Duarte y su proyecto de constitución*. Santo Domingo, República Dominicana: Comisión Permanente de Efemérides Patrias (CPEP), 2006.

-----. *Ideario de Duarte*. Santo Domingo, República Dominicana: Imprenta San Francisco, 1953.

Alfau, Reyna. *Juan Pablo Duarte: padre de la patria dominicana*. Santo Domingo, República Dominicana: Centros APEC de Educación a Distancia, 1989.

Amarante, Héctor. *Juan Pablo Duarte: vida y sentimiento en Venezuela y Nueva York*. Nueva York: Editora Circe La Maga, 2002.

Ateneo de Marianao. *Juan Pablo Duarte: sequiscentenario [sic] de su nacimiento*. Santo Domingo de Guzmán: s.n., 1967.

Ayala G. Duarte, Leonor. *Juan Pablo Duarte y Díez: fundador de la República Dominicana: datos inéditos para la historia de Europa y América: páginas nuevas para la historia de España con el Manuscrito Irlandés*. Barcelona: Marré, 2007.

Ayala Lafée-Wilbert, Cecilia, Werner Wilbert & Ariany Calles. *Juan Pablo Duarte en la Venezuela del siglo XIX: historia y leyenda*. Santo Domingo, República Dominicana: Banco Central de la República Dominicana, 2014.

-----. *La familia de Juan Pablo Duarte en la Caracas de 1845-1890*: Caracas, Venezuela: Instituto Duartiano de Venezuela, 2003.

Aybar, Andrejulio. *Epístola a Juan Pablo Duarte*. Chartres, Francia: Imprenta Ed. Garnier, 1914.

Ayuntamiento de Santo Domingo. *Juan Pablo Duarte. Documentos relativos a la traslación de sus restos*. Santo Domingo, República Dominicana: Impr. de García hermanos, 1884.

Balaguer, Joaquín. *El Cristo de la libertad*. Buenos Aires, Argentina: Editorial Américalee, 1950.

Balcácer, Juan Daniel. *Duarte nunca fue excomulgado*. Santo Domingo, República Dominicana : Búho, 2013.

-----. *Duarte revisitado: (1813-2013)*. Santo Domingo, República Dominicana: Banco Central de la República Dominicana, 2012.

-----. *Vicisitudes de Juan Pablo Duarte*. Santo Domingo, República Dominicana: Banco Central de la República Dominicana, 1999.

-----. *El pensamiento político de Duarte*. Santo Domingo, República Dominicana: Biblioteca Taller, 1986.

-----. *Duarte por estudiantes*. Santo Domingo, República Dominicana: Gobierno de Concentración Nacional, 1983.

-----. *Juan Pablo Duarte, el Padre la Patria*. Santo Domingo, República Dominicana: Ediciones Pedagógicas Dominicanas, 1978.

Barinas Coiscou, Sócrates. *Juan Pablo Duarte peregrino de la libertad y del derecho. Juan sin tiempo*. Santo Domingo, República Dominicana: Instituto Duartiano, 2002.

-----. *Juan sin tiempo: Juan Pablo Duarte, peregrino de la libertad y del derecho*. Santo Domingo, República Dominicana: Talleres Impr. HT, 1996.

Campillo Pérez, Julio Genaro. *En los albores de la patria: homenaje a Juan Pablo Duarte*. Santo Domingo, República Dominicana: Comisión Permanente de Efemérides Patrias, 1997.

Cassá, Roberto. *Juan Pablo Duarte: el padre de la patria*. Santo Domingo, República Dominicana: Tobogán, 1999.

Castro Ventura, Santiago. *Duarte en la proa de la historia*. Santo Domingo, República Dominicana: Editora Manatí, 2005.

Cestero Burgos, Tulio. *Duarte: el precursor*. Ciudad Trujillo, República Dominicana: s.n., 1957.

Collado, Miguel. *Visión de Hostos sobre Duarte: a propósito del bicentenario del natalicio de Juan Pablo Duarte (1813-2013)*. Santo Domingo, República Dominicana: Archivo General de la Nación, 2013.

Cruz, Juan de la. *Génesis y eclipse: la utopía de Duarte*. Santo Domingo, República Dominicana: Dirección General de la Feria del Libro, 2013.

Del Risco, Enrique, Héctor Cuenca & Lilian Cuenca. *Juan Pablo Duarte*. Union, NJ: Reading Time, 2003.

Despradel Batista, Guido. *Duarte, bosquejo histórico y aporte de la familia Duarte-Díez a la independencia dominicana*. Santo Domingo, República Dominicana: Revista & Ediciones Renovación, 1975.

Díaz Méndez, R. *Duarte y La Trinitaria. Breves consideraciones masónicas*. S.l.: *Imprenta Roldán*, 1944.

Domínguez, Franklin. *Duarte, fundador de una república: drama histórico en dos actos*. Santo Domingo, República Dominicana: Santuario, 2008.

Domínguez, Jaime de Jesús. *Juan Pablo Duarte Díez, independentista restaurador*. Santo Domingo, República Dominicana: Editora Universitaria, 2014.

Duarte, Rosa. *Apuntes de Rosa Duarte. Archivo y versos de Juan Pablo Duarte*. Ed. Emilio Rodríguez Demorizi, Carlos Larrazábal Blanco & Vetilio Alfau Durán. Santo Domingo, República Dominicana: Editora del Caribe, 1970.

Espinal Luna, Robert Enmanuel. *Duarte como es*. Santiago, República Dominicana: Talleres de Wikiprint, 2013.

Esténger, Rafael. *La vida gloriosa y triste de Juan Pablo Duarte. Biografía para estudiantes*. Santo Domingo, República Dominicana: Editorial UNPHU, 1981.

Franco, Franklyn. *Duarte y la independencia nacional*. Santo Domingo, República Dominicana: Ediciones INTEC, 1976.

Franco, José Ulises. *Duarte, símbolo de abnegación y sacrificio, y la fundación del Centro Duartiano de Santiago de los Caballeros*. Santiago, República Dominicana: El Centro, 1981.

Galván, Manuel de Jesús. *Necrología*. Caracas, Venezuela: s.n., 1876.

García Angulo, Efraín. *Hostos y Duarte: en el nombre de Dios, por la historia y por la raza*. Puerto Rico: s.n., 1933.

García Arévalo, Manuel A. y Gabriel Zuloaga. *La casa de Duarte en Caracas*. Santo Domingo, República Dominicana: Imp. *Arte y Cine*, 1977.

García Lluberes, Alcides. *El testamento político de Duarte y los orígenes de nuestra efectiva idea*. Santo Domingo, República Dominicana: Departamento de Publicaciones, Universidad Autónoma de Santo Domingo, 1976.

-----. *Duarte y otros temas*. Santo Domingo, República Dominicana: Editora del Caribe, 1971.

-----. *Duarte y las bellas letras*. Ciudad Trujillo, República Dominicana: Imprenta San Francisco, 1954.

-----. *Historia de la Plaza Duarte. En gloria a Duarte*. Santo Domingo, República Dominicana: Imprenta de J.R. Vda. García, 1930.

García, José Gabriel & Emilio Rodríguez Demorizi. *Rasgos biográficos de Juan Pablo Duarte y cronología de Duarte*. Santo Domingo, República Dominicana: Comisión Permanente de Efemérides Patrias, 2007.

Gilberto Núñez, Juan. *Duarte en mi corazón de niño*. Santo Domingo, República Dominicana: Fundación Luces y Sombras, 2008.

Gloria a Duarte: documentos relativos a la inauguración del monumento erigido en homenaje al fundador de la República. Santo Domingo, República Dominicana: Imprenta de J.R. vda. García, 1930.

Grimaldi Silié, Eleanor Mercedes. *Duarte, Sánchez y Mella: vistos por una educadora*. Santo Domingo, República Dominicana: Ed. Búho, 2002.

Henríquez i Carvajal, Federico. *Duarte: próceres, héroes i mártires de la independencia*. Ciudad Trujillo, República Dominicana: Imprenta San Francisco, 1944.

Henríquez V., F. Alberto. *El papel político y revolucionario jugado por Duarte en la fundación de la República Dominicana*. Santo Domingo, República Dominicana: Instituto Tecnológico de Santo Domingo, 1975.

Hernández Flores, Ismael. *La constitución de Duarte*. Santo Domingo, República Dominicana: Fundación para la Educación y el Arte, 2002.

Hernández M., Edgar. *Duarte entre los escolares*. Santo Domingo, República Dominicana: *Impresora Soto Castillo*. 2008.

Homenaje a Duarte. Colección de documentos relativos al proyecto de la erección de su estatua. Santo Domingo, República Dominicana: Impr. García Hnos, 1894.

Hungría Morell, José. *Duarte y la liberación de Dominicana*. Santo Domingo, República Dominicana: UASD, 1976.

Incháustegui, Joaquín. *Ofrenda patricia*. Santo Domingo, República Dominicana: Secretaría de Educación, 1974.

Inoa, Orlando. *Biografía de Juan Pablo Duarte*. Santo Domingo, República Dominicana: Editorial Letra Gráfica, 2008.

Jimenes Grullón, Juan Isidro. *La ideología revolucionario de Juan Pablo Duarte*. Santo Domingo, República Dominicana: Editora Collado, 2010.

Juan Pablo Duarte: fundador de la República Dominicana homenaje de cubanos agradecidos, residentes en Miami, Florida, E.E.U.U. de América y República Dominicana. Santo Domingo, República Dominicana: Corporación Dominicana de Servicios de Oficina, 1976.

Julia, Julio Jaime. *Antología de la prosa duartista*. Santo Domingo, República Dominicana: s.n., 1976.

-----. *Antología poética duartista*. Santo Domingo, República Dominicana: Taller, 1976.

-----. *Poesía duartista*. Santo Domingo, República Dominicana: Amiga del Hogar, 1972.

Lantigua, José Rafael. *Duarte en el ideal: hacia una revalorización del ideal duartiano*. Santo Domingo, República Dominicana: Comisión Permanente de Efemérides Patrias, 1999.

Lebrón Saviñón, Mariano. *Heroísmo e identidad: Duarte libertador, romántico y poeta*. Santo Domingo, República Dominicana: Instituto Duartiano, 1999.

Malagón, Jacqueline. *Duarte hoy*. Santo Domingo, República Dominicana: SEEBAC, 1993.

Marte, Roberto y Luis Cordero Velásquez. *Juan Pablo Duarte y la Venezuela de su época. Contribución al estudio de su vida en los Llanos de Apure*. Santo Domingo, República Dominicana: Banco Central de la República Dominicana, 1987.

Mella, Pablo SJ. *Los espejos de Duarte*. Santo Domingo, República Dominicana: Instituto Filosófico Pedro Fco. Bonó; Ediciones Paulinas; Ediciones MSC, 2013.

Miniño Marion Landais, Manuel Marino. *El pensamiento de Duarte en su contexto histórico e ideológico*. Santo Domingo, República Dominicana: Instituto Duartiano, 1998.

Morrison, Mateo. *Juan Pablo Duarte. Antología poética contemporánea*. Santo Domingo, República Dominicana: CPEP, 2000.

-----. *Juan Pablo Duarte a través de nueve autores contemporáneos*. Santo Domingo, República Dominicana: Editora Gente, 1997.

-----. *Poemas a Juan Pablo Duarte*. Santo Domingo, República Dominicana: Editora Universitaria-UASD, 1986.

Núñez, Juan Gilberto y Henry Santana. *Duarte en mi corazón de niño.* Santo Domingo, República Dominicana: Fundación Luces y Sombras, 2008.

Orbe y del Orbe, Ramón del. *Semblanza de Juan Pablo Duarte.* La Vega, República Dominicana: s.n., 1947.

Patín Veloz, Enrique. *Duarte y la historia.* Santo Domingo, República Dominicana: Instituto Duartiano, 1998.

-----. *Las enseñanzas cívicas de Duarte.* Santo Domingo, República Dominicana: Instituto Duartiano, 1985.

-----. *Temas duartianos.* Santo Domingo, República Dominicana: Dirección General de Información, Publicidad y Prensa de la Presidencia, 1983.

Peña, Ángela. *Así era Duarte.* Santo Domingo, República Dominicana: Editora Lozano, 1996.

Pepén, Juan Félix. *La nación que Duarte quiso.* Santo Domingo, República Dominicana: Centro Cultural Poveda y Ediciones MSC, 2004.

Pérez, Carlos Federico. *Pensamiento y la acción en la vida de Juan Pablo Duarte.* Santo Domingo, República Dominicana: Banreservas; Sociedad Dominicana de Bibliófilos, 2007.

-----. *Duarte: ideal y realidad.* Santo Domingo, República Dominicana: Instituto Duartiano, 1972.

Pérez Saviñón, José Joaquín. *Resumen de la verdadera historia del General Juan Pablo Duarte y Díez.* Santo Domingo, República Dominicana: Instituto Duartiano, 2009.

Pichardo Cruz, Daniel Nicanor. *Nacimiento y bautismo de Juan Pablo Duarte, fundador de la República.* Santo Domingo, República Dominicana: Instituto Duartiano, 2009.

-----. *Fallecimiento e inmortalidad de Juan Pablo Duarte, fundador de la República.* Santo Domingo, República Dominicana: Instituto Duartiano, 2009.

Polanco Brito, Hugo Eduardo. *Duarte y la juventud.* Santiago, República Dominicana: Universidad Católica Madre y Maestra, 1976.

Portillo, Julio. *La faz de Duarte: iconografía*. Caracas, Venezuela: Editorial Arte, 2002.

Riggio Pou, Guido. *La historia al revés: el papel de la iglesia y la masonería en la lucha independentista dominicana. La excomunión de Duarte*. San José de las Matas, República Dominicana: Editorial Orpus, 2013.

Rodríguez Demorizi, Emilio. *En torno a Duarte*. Santo Domingo, República Dominicana: Ed. Taller, 1976.

-----. *Cartas al padre de la patria*. Santo Domingo, República Dominicana: Editora del Caribe, 1970.

-----. *Duarte romántico*. Santo Domingo, República Dominicana: Ed. del Caribe, 1969.

Sánchez Fernández, José A. *Sánchez y Duarte frente al problema de la independencia nacional*. Santo Domingo, República Dominicana: Editora Taller, 1984.

-----. *La Universidad Autónoma de Santo Domingo y Duarte: Duarte, fundador de la República?* Santo Domingo, República Dominicana: Editora Alfa y Omega, 1980.

Serra, Nidia. *Duarte visto por los niños*. Santo Domingo, República Dominicana: Centro del Arte, 1983.

Serulle, Haffe. *Duarte*. Santo Domingo, República Dominicana: Editora Cultural Dominicana, 1976.

Silié, Eleanor Grimaldi. *Duarte, Sánchez y Mella: vistos por una educadora*. Santo Domingo, República Dominicana: Editora Búho. 2002.

Tena Reyes, Jorge. *Duarte en la historiografía dominicana*. Santo Domingo, República Dominicana: Comisión Oficial para la Celebración del Sesquicentenario de la Independencia Nacional, 1994.

Troncoso Sánchez, Pedro. *La faceta dinámica de Duarte y El decálogo duartiano*. Santo Domingo, República Dominicana: Instituto Duartiano, 2009.

-----. *Episodios duartianos.* Santo Domingo, República Dominicana: s.n., 1997.

-----. *Las fechas duartianas.* Santo Domingo, República Dominicana: Editora Alfa y Omega, 1981.

-----. *Vida de Juan Pablo Duarte.* Santo Domingo, República Dominicana: Instituto Duartiano, 1975.

-----. *La influencia de Juan Pablo Duarte.* Santo Domingo, República Dominicana: Instituto Tecnológico de Santo Domingo, 1975.

-----. *El decálogo duartiano.* Santo Domingo, República Dominicana: Editora del Caribe, 1972.

-----. *La faceta dinámica de Duarte.* Santo Domingo, República Dominicana: Impreso en la Junta Central Electoral, 1967.

Valois Vidal, Emma. *Duarte y las mujeres de la Independencia.* Santo Domingo, República Dominicana: Cocolo Editorial, 2000.

Vásquez, Pedro R. *Duarte, apóstol y libertador.* Santo Domingo, República Dominicana: Departamento de Publicaciones del Hogar del Niño Dominicano, 1980.

IMAGE SELECTION
SELECCIÓN DE IMÁGENES

Juan Pablo Duarte: The Humanist/El humanista
(A Bilingual Selection of his Writings/Selección bilingüe de sus escritos)

Portrait of Juan Pablo Duarte by Miguel Núñez
Retrato de Juan Pablo Duarte por Miguel Núñez

Portrait of Juan Pablo Duarte by Miguel Núñez
Retrato de Juan Pablo Duarte por Miguel Núñez

This passenger list shows that Juan Pablo Duarte entered the U.S. through the port of Providence, Rhode Island on board the brigantine George Washington, on July 2, 1829 at the age of 16. Esta lista de pasajeros indica que Juan Pablo Duarte llegó a los Estados Unidos por el puerto de Providence, Rhode Island a bordo del bergantín George Washington el 2 de julio de 1829 a los 16 años.
Source / Fuente: Ancestry.com. U.S., Atlantic Ports Passenger Lists, 1820-1873 and 1893-1959 [database on-line]. Provo, UT, USA: Ancestry.com Operations Inc., 2010.

Juan Pablo Duarte Park
Union City, New Jersey - 2004

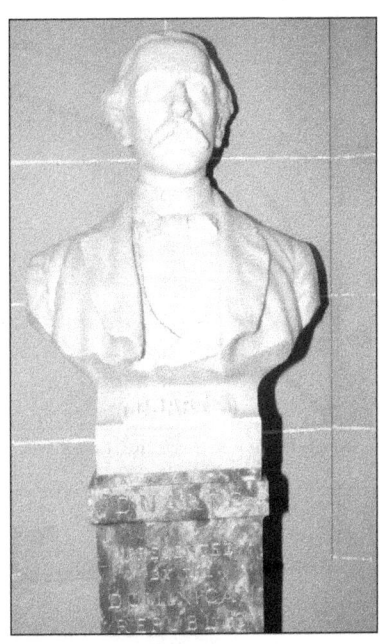

Juan Pablo Duarte Bust/Busto,
Washington, District of Columbia - 1925

Juan Pablo Duarte Bust/Busto,
West New York, New Jersey - 2013

Juan Pablo Duarte Bust/Busto,
Miami, Florida - 1976

Juan Pablo Duarte: The Humanist/El humanista
(A Bilingual Selection of his Writings/Selección bilingüe de sus escritos)

Juan Pablo Duarte Park, Union City, New Jersey

Juan Pablo Duarte-José Julian Martí School/Escuela, Elizabeth, New Jersey

P.S. 132 Juan Pablo Duarte School/Escuela, Manhattan, New York

JUAN PABLO DUARTE: THE HUMANIST/EL HUMANISTA
(A BILINGUAL SELECTION OF HIS WRITINGS/SELECCIÓN BILINGÜE DE SUS ESCRITOS)

Juan Pablo Duarte Boulevard, Manhattan, New York

Juan Pablo Duarte Way, Union City, New Jersey

Juan Pablo Duarte Boulevard, Lawrence, Massachusetts

Juan Pablo Duarte Dominican, Elizabeth, New Jersey

Juan Pablo Duarte Boulevard, Providence, Rhode Island

CONTRAPORTADA

Al igual que sus cartas, proclamas, poemas y otros textos trascendentales, como su inconclusa Constitución que llamó Proyecto de Ley Fundamental, esta obra, cual biografía apasionada, sitúa a Juan Pablo Duarte, Padre de la Patria, en sus auténticas dimensiones: el hombre, que luego de nutrirse de las ideas más avanzadas de su época, tras el viaje de estudios que realizó en plena adolescencia a los Estados Unidos y Europa, fundó La Trinitaria como instrumento imprescindible para lograr en 1844 la independencia frente a la dominación haitiana; el visionario y el estratega, consciente de la trascendencia de la creación de la República y la realización de las alianzas que con éxito llevó a cabo; el político, proclamado en el Cibao presidente de la República por Matías Ramón Mella.

El destierro se expresó en él en la Guerra de la Restauración: Al enterarse de que se había perdido la soberanía de la República, decide entregarse de lleno a la causa de la patria sojuzgada y regresa a su país, por Montecristi, el 25 de marzo de 1864. El 28, ofrece al Gobierno restaurador "el resto de vida que le queda" en favor de la soberanía.

Gran parte de los escritos de *Juan Pablo Duarte: El Humanista (selección bilingüe de sus escritos)*, editado y compilado por Rhina P. Espaillat y Sarah Aponte, en el marco de la alianza entre el Instituto de Estudios Dominicanos de City College de la Ciudad de Nueva York y la Biblioteca Nacional Pedro Henríquez Ureña de la República Dominicana.

Con la lectura de este libro, los dominicanos y las dominicanas y cualquier persona de otra ciudadanía, podrán enterarse de lo que es capaz un ser humano cuando ama profunda y definitivamente su tierra, su pueblo. Ese era, y es, Juan Pablo Duarte y Díez.

DIÓMEDES NÚÑEZ POLANCO
Director, Biblioteca Nacional Pedro Henríquez Ureña